LAS MEJORES SALSAS

© Editorial De Vecchi, S. A. 2018
© [2018] Confidential Concepts International Ltd., Ireland
Subsidiary company of Confidential Concepts Inc, USA
ISBN: 978-1-64461-014-5

LAS MEJORES SALSAS

EQUIPO DE EXPERTOS COCINOVA

dve
PUBLISHING

Índice

Introducción

En muchos casos, las salsas son un buen acompañante de un manjar ya hecho y, en otros, se emplean como aditivo del alimento mientras este se está cocinando. Son realmente imprescindibles para la preparación de muchos platos.

Existen infinidad de ellas, las suficientes como para llenar por sí solas un manual como el que presentamos. Pero muchas requieren horas de elaboración, aunque también las hay que se preparan en un abrir y cerrar de ojos.

En cualquier caso, la preparación de la salsa la haremos siguiendo fielmente la receta, tanto en lo que se refiere a proporciones como a tiempo o modo de cocción.

Ahora que el mercado está realmente saturado de salsas preparadas, nada mejor que poder ofrecer una salsa hecha en casa, con todo su sabor genuino y sin adulteraciones.

Las recetas que siguen a continuación prevén ingredientes para 4 personas. Si no se indican cantidades concretas, significa que han de emplearse según los gustos.

A

Salsa de abril

Ingredientes

50 g de aceite, 50 g de mantequilla, 2 dientes de ajo, 2 cucharadas de azúcar, 1/2 kg de cebollas, 1 vaso de vino blanco, 1/2 vaso de vinagre natural.

1) Dorar en 50 g de aceite y 50 g de mantequilla los 2 dientes de ajo.

2) Luego añadir 1 o 2 cucharadas de azúcar y dejarlo acaramelar hasta que tome un color oscuro.

3) Seguidamente añadir 1/2 kg de cebollas troceadas.

4) Verter un vaso de vino blanco y medio de vinagre natural y dejarlo cocer durante 20-30 minutos.

5) Por último, pasarlo todo por la batidora y si es necesario volver a ponerla al fuego para que adquiera consistencia.

Datos de interés

Servirla muy caliente con cualquier tipo de hervido.

Salsa de la abuela

Ingredientes

150 g de carne magra de ternera y cerdo, 50 g de salchicha fresca, 1 lata de tomates pelados, cebolla, albahaca, sal.

1) Picar la cebolla y freírla en una sartén con una cucharada de aceite hasta que se haya dorado.
2) En el aceite caliente hacer que tomen sabor las dos carnes troceadas y la salchicha troceada.
3) Sacarlo todo y ponerlo aparte.
4) En el fondo de cocción echar los tomates triturados con el tenedor junto con abundante albahaca y sal.
5) Después de unos 30 minutos de lenta cocción, volver a poner la carne en el recipiente y dejar que se haga.
6) Por último, condimentar la pasta con la salsa preparada.

Datos de interés

Aconsejamos servirla con fideos o tallarines.

Salsa de aceitunas

Ingredientes

1/2 vasito de yogur, 1 dl de mahonesa, 1 dl de nata líquida, 1 huevo duro, 1 cucharadita de cebollino, 12 aceitunas verdes, 1 cucharadita de paprika, sal y pimienta.

1) Picar finamente el huevo duro, el cebollino y las aceitunas deshuesadas.
2) Seguidamente ponerlo en una cacerola junto con los demás ingredientes, añadiendo si es necesario un poco de aceite de oliva.
3) Luego dejarlo reposar durante 1 hora antes de servir.

Datos de interés

Apropiada para acompañar las gambas.

Salsa de aceitunas en ensalada

Ingredientes

100 g de aceitunas negras, 100 g de aceitunas verdes, 50 g de atún en aceite de oliva, aceite de oliva, jugo de limón, sal y pimienta molida al momento.

1) Deshuesar las aceitunas y desmenuzar el atún.

2) Mezclarlo en un recipiente con 4 cucharadas de aceite de oliva, jugo de limón (no demasiado, puesto que si no la pasta se volvería ácida), sal y pimienta negra molida al momento.

3) Aparte cocer la pasta elegida y luego verterla en una ensaladera una vez pasada por agua fría.

4) Por último, verter la salsa sobre la pasta, mezclarlo y ya estará lista para servir.

Aconsejamos servir con espaguetis u otra pasta larga.

Salsa agraz

Ingredientes
Uva agraz, 1/2 cebolla roja, ajo, perejil, miga de pan, almendras y nueces frescas, vinagre, miel, sal y pimienta.

1) Preparar una picada con la uva agraz, el perejil, el ajo, la miga de pan bañada en vinagre, la miel, la cebolla, las almendras y las nueces frescas peladas.
2) Cuando hayamos logrado una mezcla homogénea verterla en un recipiente de barro, y añadirle sal y pimienta.
3) Seguidamente hacerla cocer lentamente, a fuego bajo, durante unos 10 minutos.
4) Si resulta demasiado densa diluirla con unas gotas de vinagre o caldo tibio.

Datos de interés
Es una salsa exquisita y muy recomendable para servir con hervidos o carnes, especialmente grasas.

Salsa agraz estilo chianti

Ingredientes
Uva agraz, nueces, perejil, ajo, alcaparras, anchoas, vinagre, sal y pimienta.

1) Preparar una picada de ajo, perejil, nueces, uva agraz, alcaparras y anchoas.
2) Seguidamente ponerlo a cocer en un recipiente con un poco de vinagre hasta obtener una mezcla homogénea.
3) Añadir sal y pimienta al gusto.

Datos de interés

Servir como condimento para los hervidos, la carne fría o también los huevos.

Salsa agridulce

Ingredientes

2 cucharaditas de azúcar, 1 cucharadita de vinagre, 2 cucharaditas de caldo, 1 cucharada de pasas y piñones, 20 g de mantequilla.

1) Acaramelar el azúcar.
2) Cuando esté ligeramente dorado, bañarlo en vinagre y añadirle el caldo.
3) Seguidamente bajar el fuego y continuar la cocción durante 1 minuto, hasta que el azúcar se haya disuelto.
4) Luego, añadir la mantequilla, las pasas y los piñones.
5) Cuando la mantequilla se haya disuelto apagar el fuego.

Salsa agridulce a la naranja

Ingredientes

200 g de vino blanco seco, 100 g de mermelada de naranja, 5 g de rábano picado, 5 g de vinagre, 1 pastilla de caldo.

1) Disolver en una cacerola la mermelada de naranja con el vino blanco seco.
2) Luego añadir el vinagre, el rábano, y la pastilla de caldo desmenuzada.
3) Removerlo todo.
4) Seguidamente poner la cacerola al fuego y hacerlo hervir rápidamente, manteniendo luego el fuego al mínimo.
5) Cuando haya adquirido cremosidad retirarla del fuego.

Datos de interés

Servirla fría o ligeramente templada con carnes calientes, como ternera, cerdo o también con algunos embutidos

Salsa de ajo

Ingredientes

3-4 cucharadas de aceite de oliva, 1 cucharada de vinagre o bien de jugo de limón, 1/2 cucharadita de sal, pimienta blanca.

1) Preparar la salsa al vinagre o al limón.
2) Añadirle la sal y la pimienta.
3) Luego aplastar un diente de ajo con un tenedor o bien untar el interior de una ensaladera con medio diente de ajo.
4) Seguidamente llenarla de ensalada verde.
5) Por último, verter la salsa por encima.

Salsa de ajo, aceite y perejil

Ingredientes

4 cabezas de ajo, 1 dl de aceite de oliva, 1 cucharadita de perejil picado, abundante pimienta negra y queso rallado al gusto.

1) Triturar en un mortero el ajo y la pimienta.
2) Hacerlo dorar en una sartén con aceite caliente, sacándolo inmediatamente.
3) Aparte cocer la pasta elegida.
4) Seguidamente añadir al ajo y el aceite 3 cucharaditas del agua de cocción de la pasta.
5) Por último condimentar la pasta con la salsa y ponerle por encima el perejil picado.

Datos de interés

Aconsejada para servir con espaguetis o tallarines.

Salsa de ajo, aceite y pimientillo

Ingredientes

4 cabezas de ajo, 1 pimientillo picante, abundante aceite de oliva.

1) Poner una sartén al fuego con abundante agua salada y cocer la pasta elegida.

2) Aparte picar finamente el ajo y el pimientillo.

3) Luego ponerlo en una cacerola con abundante aceite y freírlo.

4) Cuando el ajo comience a tomar un ligero color dorado, sacar el recipiente del fuego.

5) Por último, condimentar la pasta cocida con la salsa preparada.

Datos de interés

Aconsejada para servir con espaguetis.

Salsa de ajo picante

Ingredientes

Dientes de ajo, aceite de oliva, vinagre, migas de pan, sal y pimienta.

1) Poner en el mortero de mármol los dientes de ajo (1 por persona) y machacarlos hasta que queden como una pasta.

2) Añadir poco a poco aceite de oliva hasta obtener una crema compacta.

3) Seguidamente añadir un poco de miga de pan bañada en vinagre.

4) Por último, condimentar con sal y pimienta.

Datos de interés

Salsa muy picante, de gusto muy fuerte, apropiada para acompañar pescados hervidos.

Salsa de alcaparras

Ingredientes

2 cucharadas de alcaparras en vinagre, 1 cucharada de pasta de anchoas, jugo de limón, 25 g de mantequilla, salsa dorada preparada con agua o caldo de pescado.

1) Picar ligeramente las alcaparras y ponerlas en un tazón.

2) Añadir la pasta de anchoas y el zumo de limón junto con la

salsa blanca obtenida con agua o caldo de pescado, según lo que deba acompañar.

3) Luego mezclarlo con mantequilla cortada a trocitos.

4) Servirla muy caliente.

Datos de interés

Adecuada para servir con huevos pasados por agua o con pescado hervido.

Salsa alegre

Ingredientes

Rábano, nata, sal, pimienta de Cayena, azúcar.

1) Batir en una taza la crema de leche o nata, junto con la sal, la pimienta, una pizca de azúcar y el rábano rallado.

Datos de interés

Salsa fácil de preparar.

Salsa alioli

Ingredientes

6 dientes de ajo, 1/2 litro de aceite fino, sal fina de mesa.

1) Pelar bien los dientes de ajo, poniéndolos en un mortero de barro.

2) Majándolos con su mano, echaremos sal fina y aceite puesto en una aceitera, de forma que salga goteando, e iremos dando vueltas siempre hacia el mismo lado.

3) El volumen que se quiera conseguir dependerá de la cantidad de aceite que pongamos.

Datos de interés

Salsa muy fuerte y fácil de preparar, apropiada para servir con carnes a la parrilla o a la brasa.

Salsa de almejas

Ingredientes

2 kg de almejas, 500 g de tomates, 6 cucharadas de aceite, 1 diente de ajo, pimiento rojo, perejil, sal y pimienta.

1) Preparar una picada con el perejil, el ajo y un poco de pimiento rojo.
2) Verterlo en una cacerola con aceite y rehogarlo a fuego lento.
3) Aparte lavar cuidadosamente las almejas y ponerlas en una sartén a fuego vivo, manteniéndola tapada.
4) Cuando se hayan abierto, apartarlas del fuego y sacarles el caparazón.
5) Lavarlas de nuevo con agua corriente y luego reservarlas.
6) Colar el agua obtenida de la cocción a través de un paño y verterla en el recipiente de la picada.
7) Luego hacer evaporar a fuego vivo un poco de esta agua y seguidamente añadirle los tomates pelados y triturados, poquísima sal y pimienta.
8) Hacerlo hervir todo hasta que la salsa adquiera la consistencia debida.
9) Un poco antes de retirarla del fuego, añadir las almejas con otro puñado de perejil bien picado.

Datos de interés

Apropiada para servir con espaguetis.

Salsa de almendras y jaramago

Ingredientes

3 cucharadas de jaramago, 60 g de almendras molidas, 45 g de mantequilla, 45 g de harina, 30 cl de leche, sal, 1 cucharada de azúcar, 4 cucharadas de crema de leche espesa, 1 cucharada de zumo de limón.

1) Preparar una salsa bechamel con la mantequilla, la harina y la leche.
2) Sazonarla con azúcar y sal.
3) Cocerla durante unos 20 minutos a fuego lento hasta que desaparezca el sabor a harina cruda.

4) Incorporar, sin dejar de remover, las almendras, la crema y el zumo de limón, evitando que se corte.

5) Agregar el jaramago finamente rallado y entonces la salsa tiene que dejar de hervir.

6) Rectificar la condimentación.

7) Servir caliente.

Salsa amarilla

Ingredientes

2 yemas de huevo, 1/4 l de caldo, 1/2 cebolla picada, 2 cucharadas de harina, 1 cucharada de manteca de cerdo o de aceite.

1) Freír la cebolla en la manteca.

2) Luego añadirle las yemas y la harina.

3) Triturar y unir todo muy bien, agregándole el caldo.

4) Hervir hasta que se vea en su punto, probando si está bien de sal.

5) Por último, colar la salsa antes de servirla.

Datos de interés

Receta selecta, fácil de preparar.

Salsa amarilla a la española

Ingredientes

4 yemas de huevo, 6 cucharadas de aceite, 1 cucharada de vinagre, especias, sal y pimienta.

1) Desmenuzar las yemas de huevo duro y trabajarlas con el aceite vertido poco a poco.

2) Luego añadir sal, pimienta, especias y vinagre.

3) Removerlo todo hasta que la salsa llegue a ser uniforme.

Datos de interés

Salsa fácil de preparar.

Salsa a la americana

Ingredientes

3 cucharadas de rábano picado, 1 vaso de agua, 1 cucharada de aceite, 1 cucharada de harina, 1 dl de agua hirviendo, sal, 3 cucharadas de nata o leche, 3 cucharadas de vinagre, 1 yema de huevo, 1 pizca de pan, 1 cucharada de mostaza.

1) Cocer el rábano rallado en el agua hasta que la cantidad se haya reducido a la mitad.

2) En una cazuela aparte, fundir la mantequilla removiéndola con la harina, y hacerlo cocer durante algunos minutos.

3) Añadir agua hirviendo hasta conseguir una mezcla homogénea.

4) Seguidamente añadir la mezcla del rábano rallado, la sal, la miga de pan y la nata o leche, haciéndolo hervir unos minutos.

5) Aparte remover la yema de huevo batida con el vinagre e incorporarla a la salsa.

6) Llevarlo todo hasta el punto de ebullición, apartarlo del fuego y por último añadir sal, pimienta y mostaza.

Datos de interés

Mantenerla caliente hasta el momento de servir.

Salsa de anchoas

Ingredientes

6 anchoas, 6 cucharadas de aceite, 1 diente de ajo.

1) Lavar y quitar las espinas de las anchoas.

2) Mientras poner una cazuela en el fuego con el aceite y el ajo.

3) Hacer que se dore el ajo y sacarlo apenas tome color.

4) En el aceite caliente poner las anchoas y aplastarlas. Deberán quedar completamente deshechas.

5) Después pasarla por el tamiz.

6) Remover la salsa antes de servirla.

Datos de interés

Apropiada para condimentar espaguetis y judías secas hervidas.

Salsa de anchoas y alcaparras

Ingredientes

Filetes de anchoas, alcaparras, ajo, perejil, hierbas aromáticas, aceite de oliva, vinagre, pimienta.

1) Picar juntos los filetes de anchoas, las alcaparras, el ajo, el perejil y las hierbas aromáticas, según el gusto.
2) Después diluirlo con aceite de oliva, vinagre y piel de limón rallada.
3) Por último añadir pimienta o pimientillo triturado o bien salsa inglesa (worcester).

Datos de interés

Apropiada para servir con carnes frías.

VARIANTE N.º 1

Ingredientes

1 tubito de pasta de anchoas, 100 g de aceitunas negras, 4-5 cucharadas de aceite.

1) Sacar el hueso de las aceitunas y después picarlas muy finamente.
2) Aparte en una salsera colocar la pasta de anchoas y diluirla con una cucharada de agua y un poco de aceite.
3) Luego añadir las aceitunas trituradas.

VAIRANTE N.º 2

1) Dorar los brazuelos de cerdo, costillas u otras carnes destinadas a la parrilla.
2) Luego rociarlo con la salsa caliente.

Apropiada para servir con carnes frías.

Salsa andaluza

Ingredientes

1/4 kg de calabaza, 1 tomate fresco y grande, 2 granos de pimienta, 1 diente de ajo, 3 cucharadas soperas llenas de vinagre, sal, agua.

1) Cortar la calabaza a trozos y cocerla con un poco de agua hirviendo.
2) Mientras machacar en el mortero el diente de ajo y los granos de pimienta.
3) Después de agregar el tomate asado, sin piel, y la calabaza escurrida.
4) Machacarlo todo de nuevo.
5) Por último, añadir las 3 cucharadas soperas de vinagre y un poco de sal.

Datos de interés

Es una salsa que resulta ideal para acompañar todo tipo de manjares cocidos.

Salsa Anita

Ingredientes

10 g de harina, 2 vasos de leche descremada, 50 g de pepinos en aceite, 1/2 cucharadita de paprika, 1 cucharada de salsa inglesa (worcester), un poco de caldo, sal y pimienta.

1) Trocear finamente las verduras y a continuación ponerlas en una cacerola.
2) Cocerlas a fuego lento durante 20 minutos.
3) Añadir entonces la harina diluida con un poco de caldo frío y dejarlo cocer durante 5 o 6 minutos más.

4) Pasar la salsa por el tamiz antes de servirla.

Salsa antiboise

Ingredientes

Mahonesa, puré de tomate, 2 o 3 anchoas desaladas, estragón, pimienta.

1) Limpiar bien las anchoas y picarlas.
2) Añadirlas a la salsa mahonesa junto con el estragón y un par de cucharadas de puré de tomate.
3) Mezclar bien los ingredientes y sazonarlos con pimienta.

Datos de interés

Salsa de preparación rápida.

Salsa de apio

Ingredientes

3 tallos de apio blanco, 45 g de harina, 45 g de mantequilla, 2 vasitos de caldo de pavo, 1 taza de leche, 2 cucharaditas de nata, 1 pizca de nuez moscada.

1) Lavar, limpiar y cortar a trocitos los tallos de apio.
2) Ponerlos en el fuego con el caldo de pavo y una pizca de nuez moscada rallada.
3) Dejarlo cocer todo durante media hora y después pasarlo por el tamiz.
4) Calentar la mantequilla en una cacerola y añadirle la harina.
5) Remover hasta que la mezcla se vuelva espumosa.
6) Añadir entonces la mezcla de apio que se habrá preparado anteriormente y la leche, removiéndolo a fuego lento durante más de media hora.
7) Por último, añadir la nata en el momento de servir la salsa.

Salsa aromática

Ingredientes

10 g de perejil (hojas), 10 g de alcaparras desaladas, 1 pepinillo en vinagre, 1 aceituna verde, 4 cucharadas de mahonesa, mostaza francesa, salsa worcester, salsa rubia, 1 cucharadita de nata, brandy.

1) Picar lo más finamente posible el pepinillo, las alcaparras, la oliva deshuesada y el perejil.
2) En un tazón poner la mahonesa y añadir la mezcla anterior.
3) En otro recipiente verter la salsa rubia (véase pág. 101) y la nata, removiéndolas bien.
4) Luego añadir un poco de brandy, una rociada ligera de worcester y un poco de mostaza.
5) Removerlo con una cucharada de madera hasta obtener una pasta homogénea.
6) Seguidamente añadirlo a la mezcla anterior y removerlo bien.
7) Por último, verterlo a una salsera, cubrirla y mantenerlo en la nevera.

Salsa con atún

Ingredientes

100 g de aceite de oliva, 40 g de atún en aceite, 1 yema de huevo, 3 filetes de anchoas en aceite, 10 alcaparras, vinagre blanco, 1/2 limón, sal y pimienta.

1) Con la batidora preparar una mahonesa con la yema de huevo, aceitunas, 1/2 cucharada de vinagre, el zumo de limón, sal y pimienta.
2) Diluirla con una cucharada de agua hirviendo, y a continuación remover.
3) Luego añadir los filetes de anchoas desmenuzados, el atún y las alcaparras.
4) Finalmente poner en marcha la batidora durante un minuto, a la máxima velocidad.

Datos de interés

Apropiada para la preparación de ternera con atún, pero también para el pollo hervido caliente o frío, y la carne cruda cortada en finas lonjas.

Salsa augusta

Ingredientes

Aceite, mantequilla, cebolla, ajo, anchoas, jamón o embutidos, hierbas aromáticas, salvia, romero, sal y pimienta.

1) Rehogar con aceite y mantequilla una abundante picada compuesta de cebolla y ajo junto con alguna anchoa que esté limpia de espinas.

2) Luego añadir una picada de jamón crudo o bien de salchicha magra con hierbas aromáticas picadas muy finamente, romero y salvia.

3) Dorarlo un poco y luego rociarlo con un poco de vinagre o de vino tinto.

4) A continuación, salarlo todo hirviendo la salsa durante algunos minutos.

5) Luego añadir el jugo de cocción del asado al que tenga que acompañar, colado y desengrasado.

6) Finalmente añadir la pimienta antes de servir la salsa, colada sobre un hornillo portátil.

Salsa aurora

Ingredientes

25 g de mantequilla, 2 cucharaditas de salsa de tomate, bechamel.

1) Hacer que la salsa de tomate tome sabor con la mantequilla.

2) Después añadir la salsa bechamel y removerlo todo bien durante 5 minutos.

Datos de interés

Apropiada para servir con huevos y alimentos al gratén.

B

Salsa de barbacoa

Ingredientes

4 cucharadas de ketchup, 30 g de mantequilla, 1 cucharadita de mostaza, 1/2 cucharadita de pimienta negra, 2 cucharaditas de salsa worcester, 1 clavo, 1 limón, 1 cebollita, 1 hoja de laurel, 1 cucharadita de jarabe de azúcar, 1 pimiento rojo picante, vinagre, aceite y sal.

1) Poner al fuego una cacerola con mantequilla.
2) Cuando esta se haya fundido añadir la cebollita cortada por la mitad y dejar que se dore un poco.
3) Después añadir el ketchup, la mostaza, la salsa worcester, el clavo molido finamente, el laurel, el jarabe de azúcar, el pimiento rojo desmenuzado, la pimienta negra y una pizca de sal.
4) Diluirlo todo con el zumo del limón, 2 cucharadas de aceite y 2 de vinagre.
5) Entonces removerlo todo y llevarlo a ebullición, haciéndolo cocer durante 30 minutos.

6) Finalmente apartar la salsa del fuego, retirando la cebolla y el laurel.

Datos de interés

Servirla bien caliente con cualquier tipo de carne a la parrilla.

Salsa bávara

Ingredientes

4 cucharadas de vinagre de vino blanco, 3 o 4 yemas de huevo, 125 g de mantequilla, 15 g de jaramago, sal, nuez moscada rallada, 100 g de mantequilla de cangrejos.

1) Verter en un cazo el vinagre y hervirlo hasta reducirlo a la mitad.
2) Fuera del fuego añadir 3 o 4 yemas de huevo, 25 g de mantequilla cortada a dados y el jaramago cortado a rodajas.
3) Entonces batirlo todo y sazonarlo con un poco de sal y nuez moscada.
4) Cocerlo a fuego lento sin dejar de remover hasta que se espese ligeramente.
5) Pasarlo por el tamiz sobre un cazo limpio y añadirle entonces la mantequilla restante.
6) Batir a fuego lento hasta que esté espumosa.
7) Finalmente, incorporar, batiendo, la mantequilla de cangrejos.

Salsa bearnesa

Ingredientes

50 g de mantequilla, 0,5 dl de vinagre blanco, 0,5 dl de vino blanco seco, zumo de limón, 2 yemas de huevo, sal, pimienta blanca, 1 cucharada de escalonia, 1 cucharada de perifollo, 2 cucharaditas de estragón, tomillo, laurel.

1) Poner en una cacerola de acero inoxidable la escalonia, el perifollo, una cucharadita de estragón molido, una pizca de tomillo y media hoja de laurel.

2) Verter por encima de estas hierbas el vinagre y el vino blanco añadiendo sal y pimienta blanca recién molida.

3) A fuego lento reducir a 2/3 partes la mezcla y dejar que se enfríe.

4) Aparte ablandar las dos yemas con una cucharada de agua fría e incorporarlas a la mezcla anterior.

5) Batirlo todo con una cuchara, manteniendo la cazuela al baño maría en agua que ya no hierva.

6) Aparte fundir la mantequilla al baño maría, la dejamos enfriar y la añadimos a la salsa.

7) Continuar batiendo hasta que adquiera cuerpo.

8) Luego sacarla del baño maría, rociarla con algunas gotas de limón y aromatizarla con pimienta de Cayena.

9) Por último, pasar la salsa por el tamiz y añadirle una cucharadita de estragón.

Datos de interés

Mantener la salsa en baño maría hasta que llegue el momento de servirla.

Salsa bechamel

Ingredientes

Harina y mantequilla en iguales cantidades, leche en razón de 5 veces el total del peso (ejemplo: 50 g de mantequilla, 50 g de harina, 500 g de leche, es decir 1/2 l), sal, pimienta blanca, un poco de nuez moscada.

1) Sofreír la harina con la mantequilla hasta que se dore ligeramente.

2) Añadir poco a poco la leche a temperatura ambiente, sin dejar de remover.

3) Cuando empiece a hervir añadir sal, pimienta y nuez moscada.

4) Entonces bajar el fuego al mínimo.

5) Taparlo y dejar hervir lentamente durante 20 minutos, removiendo de vez en cuando.

Datos de interés

Debe consumirse en el momento de hacerla, si no se formaría una película dura en la superficie.

Salsa bechamel atomatada

Ingredientes

Salsa bechamel, salsa de tomate.

1) Preparar una salsa bechamel.
2) Luego añadirle unas cucharadas de salsa de tomate, hasta conseguir un tono rosado.

Datos de interés

Salsa de preparación rápida.

Salsa de beicon

Ingredientes

100 g de beicon (tocino ahumado), 1 pimiento, 500 g de tomates maduros pelados, un poco de vino blanco, 1 pastilla de caldo, perejil picado, aceite de oliva, sal.

1) Dorar en una cacerola con aceite el tocino cortado a daditos.
2) Añadir el pimiento picado finamente y bañarlo con el vino blanco.
3) Entonces hacerlo evaporar y luego añadir los tomates triturados.
4) Cocer el jugo al mismo tiempo que cocemos la pasta a la que acompaña.
5) Finalmente añadir la pastilla de caldo y el perejil picado.

Datos de interés

Apropiada para servir con espaguetis u otra pasta larga.

Salsa a la bilbaína

Ingredientes

1 cebolla grande, 1 diente de ajo, 4 cucharadas de aceite de oliva, 300 g de tomates maduros, 12 almendras tostadas, y peladas, 4 ramitas de perejil, 25 cl de fumet de pescado, sal.

1) En una sartén freír la cebolla y el ajo previamente picados finamente.

2) Cuando empiecen a dorarse, añadir los tomates maduros pelados y triturados.

3) Mientras machacar en un mortero las almendras con el perejil hasta que estén amalgamadas.

4) Después incorporarlas a la sartén junto con el fumet.

5) Sazonar con sal y reducir la salsa durante 10 minutos a fuego lento.

6) Finalmente pasarla por el tamiz y servirla muy caliente.

Salsa para bistec

ingredientes

1 puñado de perejil, margarina, jugo de limón, sal y pimienta.

1) Picar el perejil.

2) Formar una pasta con la margarina, el perejil picado, la sal y la pimienta, junto con el zumo del limón.

3) Entonces ponerlo todo al fuego hasta que la pasta alcance una ligera ebullición.

4) Verterla sobre los bistecs apenas hayan salido de la parrilla.

Datos de interés

Está considerada como fuerte o picante.

Salsa blanca

Ingredientes

50 g de mantequilla, 50 g de harina, 1/2 l de agua o caldo de verdura, de pollo o de pescado, nuez moscada, sal.

1) Fundir la mantequilla en una cacerola hasta que se haga líquida.

2) Apartarla rápidamente del fuego y verter de golpe la harina, previamente tamizada.

3) Removerlo con una cuchara de madera hasta obtener una pasta cremosa.

4) Colocarlo otra vez a fuego muy lento, sin dejar de remover y una vez la mezcla sea espumosa añadir 3/4 partes de caldo frío removiendo bien.

5) Apenas comience a hervir de nuevo, añadir el resto del caldo.

6) Finalmente condimentar con sal, pimienta y nuez moscada rallada, dejándolo cocer durante unos pocos minutos más.

Datos de interés

Utilizarla una vez esté lista. Apropiada para acompañar a carne o pescado hervido o bien verdura hervida caliente. También puede utilizarse para muchos preparados, como pudines, croquetas, o preparados análogos.

Salsa blanca con parmesano

Ingredientes

50 g de mantequilla, 70 g de parmesano, 1 cucharada de fécula, 5 dl de leche, nuez moscada, sal y pimienta.

1) Fundir en un recipiente la mantequilla sin que llegue a colorearse.

2) Añadir poco a poco la leche caliente, el parmesano y la fécula hasta obtener una salsa ligera.

3) Por último, añadir sal, pimienta, nuez moscada y mantenerla caliente hasta el momento de servir.

Datos de interés

Debe estar cocida a fuego lento o bien al baño maría para evitar que se pegue el parmesano.

Salsa blanca a la argentina

Ingredientes

400 g de carne de ternera ya cocida, 1/4 l de concentrado de ave (puede suplirse con jugo de carne envasado), 4 yemas de huevo duro, 2 cucharadas soperas llenas de manteca de cerdo, unas ramas de perejil, 1 taza de desayuno llena de caldo de la olla.

1) Cortar la carne en pequeños trozos.
2) Añadir el concentrado de ave al caldo de la olla, haciéndolo hervir en una cazuela.
3) Retirarlo del fuego y añadir las yemas de huevo, el perejil picado y la manteca.
4) Por último, unirlo todo bien y servir en una salsera.

Datos de interés

Receta de cocina sudamericana.

Salsa a la botarga

Ingredientes

Una generosa rallada de botarga (huevos de atún ahumados), 1 pimientillo, un par de cabezas de ajo ligeramente chafados, 1/2 vaso de nata líquida, mantequilla, un poco de aceite, requesón salado rallado, sal.

1) Freír en una sartén ancha el ajo y el pimientillo con un poco de aceite y abundante mantequilla.
2) Luego sacar el ajo y agregar la nata cociéndolo a fuego lento.
3) Seguidamente mezclarlo en la misma sartén con la pasta cocida aparte más el queso rallado.

Datos de interés

Servirla al momento. Se aconseja servir con tallarines.

Salsa con café

Ingredientes

250 g de requesón, 10 g de café en polvo, 1 vasito de brandy, abundante queso rallado, sal.

1) Verter en una olla el requesón, el café, el brandy, la sal y mezclarlo todo.
2) Tapar y dejarla reposar durante algunas horas.
3) Cuando la pasta esté cocida y escurrida verterla en la olla.
4) Mezclarlo todo rápidamente, añadiendo el queso rallado.

Datos de interés

Apropiada para platos de pasta, especialmente tallarines.

Salsa californiana

Ingredientes

1 yogur, 2 tazas de jugo de tomate, 2 tazas de jugo de pomelo, una pizca de sal de ajo y de apio, una pizca de pimienta roja.

1) Mezclar en un recipiente todos los ingredientes.
2) Luego mantenerlo en el frigorífico hasta el momento de servir.

Datos de interés

Fácil y rápida de preparar. Removerla antes de servir.

Salsa de cangrejo

Ingredientes

100 g de aceite de oliva, 1 yema de huevo, vinagre blanco, 1/2 limón, 8 gambitas (en lata), 1 cucharada de nata montada, salsa rosa, sal y pimienta.

1) Preparar una mahonesa normal con la yema de huevo, aceite, 1/2 cucharada de vinagre, el jugo de limón, sal y pimienta.
2) Luego añadir el caldo de pescado hirviendo sin dejar de remover.
3) Añadir también las gambas pasadas por el triturador, 1/2 cucharada de salsa rosa (véase pág. 100).
4) Y por último, la nata montada y mezclar.

Datos de interés

Apropiada para servir con platos de pescado y para soufflé de pescado.

Salsa de carne

Ingredientes

Perejil, variantes en vinagre, 1 diente de ajo, alcaparras, 1 huevo, aceite, mahonesa.

1) Picar el perejil con las variantes, el ajo y abundantes alcaparras en vinagre.
2) Añadir un poco de estragón y un huevo duro entero.
3) Bañarlo todo con un poco de aceite para que la mezcla sea menos densa.

4) Aparte preparar un poco de mahonesa y lentamente añadirle la mezcla anteriormente preparada.

Datos de interés

Servir muy fría.

Salsa casera

Ingredientes

1 puñado de perejil, 1 cucharada de alcaparras, 1 anchoa bien lavada y limpia de espinas, 1 patata hervida, 1 diente de ajo, aceite de oliva, vinagre.

1) Trabajarlo todo en un mortero añadiendo un poco de sal.
2) Continuar triturando hasta que quede completamente desmenuzado.
3) Luego pasarlo a un tazón y poco a poco diluirlo con aceite de oliva.
4) Completar la salsa con una cucharadita de vinagre natural.

Datos de interés

Apropiada para servir con carnes, pescados o verduras.

Salsa a la catalana

Ingredientes

1 cebolla, 10 dientes de ajo, 8 cl de aceite, 50 cl de puré de tomate, 2 naranjas, 1 limón, pimienta de Cayena, 2 cucharadas de perejil picado, 2 cucharadas de hojas de menta frescas picadas, mostaza, 10 cl de madeira.

1) Dorar la cebolla cortada a rodajas y el ajo en el aceite a fuego lento.
2) Añadir el puré de tomate, la piel rallada de la naranja y del limón, así como su jugo, una pizca de pimienta, el perejil, la menta, un poco de mostaza y el madeira.
3) Calentarlo todo a fuego vivo antes de servir.

Datos de interés

Es aconsejable servir esta salsa con cerdo o caza, como jabalí, liebre o venado.

Salsa de Cayena

Ingredientes

1 cebolla, 1/2 vasito de vino blanco, 1/2 vaso de vinagre, 50 g de mantequilla, 1 cucharada de harina, alcaparras, perejil, 1 pastilla de caldo, pimienta de Cayena.

1) Picar y dorar la cebolla con abundante mantequilla.
2) Añadir 1/2 vaso de vino blanco y 1/2 de vinagre.
3) Luego agregar 1 pastilla de caldo concentrado y reducirlo a 2/3 partes haciéndolo hervir.
4) Colocar en una cacerola una nuez de mantequilla y cuando esté dorada añadir la harina.
5) Diluirlo todo con el vino y el vinagre restante.
6) Añadirle la pimienta para darle un punto picante.
7) Entonces hervirla durante algunos minutos.
8) Finalmente añadirle una picada de alcaparras y perejil.

Datos de interés

Servir caliente con parrilladas o hervidos de carne o aves.

Salsa de cebollas picarda

Ingredientes

400 g de cebollas, 50 g de mantequilla, 40 g de harina, agua, 1 cucharada de vinagre, sal y pimienta, jugos de asar carne de cerdo o caldo (opcional).

1) Preparar un *roux* pálido con la mantequilla y la harina.
2) Agregar un poco de agua, las cebollas cortadas en rodajas finas, el vinagre, sal y pimienta.
3) Tapar y cocer a fuego lento durante 1 hora, removiendo de vez en cuando.

4) Añadir los jugos o el caldo.

5) Cuando las cebollas se hayan deshecho formando un puré la salsa estará lista.

Datos de interés

Excelente como acompañamiento de asados, o chuletas o salchichas de cerdo. Utilizar cebollas grandes dulces.

Salsa de champaña

Ingredientes

3 cucharadas de mantequilla, 3 cucharadas de harina, 1/2 taza de caldo de pollo, 1/2 taza de crema espesa, 1/2 taza de champaña.

1) Derretir la mantequilla en una cacerola.

2) Agregar la harina y remover hasta formar una pasta.

3) Añadir el caldo de pollo, la crema y el champaña y batirlo todo a mano.

4) Por último, cocerlo a fuego lento durante 10 minutos.

Salsa chasseur

Ingredientes

2 cucharadas de mantequilla, 115 g de champiñones rebanados, 1 cucharada de chalotes, 1/2 cucharadita de sal, 1/4 taza de vino blanco, 1 taza de salsa demi-glace, 1/2 taza de salsa de tomate.

1) Calentar la mantequilla en una cacerola.

2) Saltear los champiñones, los chalotes finamente picados y la sal.

3) Esperar que la mayor parte del líquido se haya evaporado.

4) Entonces agregar el vino, la salsa demi-glace (véase pág. 44) y la salsa de tomate (véase pág. 111).

5) Cocer a fuego lento durante 20 minutos, removiendo de vez en cuando.

Salsa chaufroid

Ingredientes

6 hojas de cola de pescado, 1/2 vasito de crema de leche, salsa blanca (véase pág. 31).

1) Poner las hojas de cola de pescado en una cacerola llena de agua fría durante 1 hora.
2) Mientras, preparar la salsa blanca con el caldo de pollo.
3) Apenas esté cocida añadir la cola de pescado escurrida y desmenuzada.
4) Remover a fuego lento hasta que la gelatina se haya licuado por completo.
5) Añadir la nata, calentarla y hacerla hervir un momento.
6) Sacar la salsa del fuego y servirla inmediatamente.

Salsa del chef

Ingredientes

Mantequilla, cebolla, zanahorias, tomillo, apio, laurel, vino blanco, jugo de cocción del asado, sal y pimienta.

1) Hacer un sofrito de cebolla con la mantequilla, un poco de apio y zanahorias bañadas en vino blanco a partes iguales.
2) Añadir salsa española en fondo blanco (véase pág. 50).
3) En la práctica, añadir el jugo de cocción del asado al que acompañe.
4) Pasarlo todo por el pasapurés y el tamiz.
5) En el último momento añadir la pimienta molida.

Datos de interés

Para que la salsa quede cremosa el triturado inicial debe ser muy abundante.

Salsa al chocolate

Ingredientes

250 g de chocolate con leche, 1 vasito de curaçao, 150 g de nata líquida, sal.

1) Rallar el chocolate y verterlo junto con la nata en una olla.
2) Añadir el licor y la sal, hirviéndolo durante algunos minutos.
3) Verter la pasta cocida aparte y escurrida en la olla de la salsa.
4) Removerlo bien y servirlo inmediatamente.

Datos de interés

Apropiada para platos de pasta, especialmente tallarines.

Salsa chutney-hindú

Ingredientes

1 parte de semillas de cilantro, 2 partes de pimiento verde picante,
2 partes de nuez de coco, jugo de limón, 1 cucharada de leche, sal.

1) Aplastar las semillas de cilantro.
2) Añadir el pimiento picado finamente, la nuez de coco rallada,
el jugo de limón, la sal y la leche.
3) Finalmente ponerlo todo en un mortero y triturar lentamente.

Datos de interés

Servirla fresca, acompañada de carnes calientes o frías o también
sobre tostadas.

Salsa criolla

Ingredientes

2 dientes de ajo, 1/4 taza de aceite de oliva, 1 cebolla mediana, 2 pimientos verdes, 1 taza y 1/2 de champiñones, 4 tomates grandes, 1/2 cucharadita de sal, 1 pizca de pimienta, 3 gotas de tabasco, 1/4 de taza de cebollitas de Cambray, 2 cucharadas de perejil.

1) Cocer en una cacerola con el aceite el ajo finamente picado.
2) Añadir finamente picados la cebolla, los pimientos y los
champiñones.
3) Saltear hasta que las verduras estén blandas.
4) Incorporar los tomates limpios de semillas y picados.

5) Cocer a fuego lento hasta que se haya reducido y espesado.
6) Condimentar con la sal, la pimienta y el tabasco.
7) Antes de servir añadir las cebollitas y el perejil bien picados.

Datos de interés

Muy apropiada para acompañar los pescados o las aves cocidas.

Salsa cumberland

Ingredientes

2 cebollas, 2 o 3 cucharadas de gelatina de grosella, vino, jugo de 1 limón y de 1 naranja, pimienta, jengibre, mostaza.

1) Hervir y triturar las cebollas mezclándolo con la gelatina de grosella.
2) Añadir un vaso de vino aromatizado (oporto o vino santo), el zumo del limón y de la naranja.
3) Sazonarlo con pimienta, jengibre o pimiento rojo.
4) Por último, removerlo con mostaza en polvo o salsa inglesa.

Datos de interés

Servir fría, generalmente con carnes frías como el pavo o capón.

Salsa al curry

ingredientes

100 g de cebolla, 50 g de mantequilla, curry, bechamel.

1) Dorar la cebolla triturada con la mantequilla.
2) Añadir el curry y la salsa bechamel hecha aparte.
3) Cocerlo durante 5 minutos y ya estará lista.

Datos de interés

Apropiada para servir con arroz blanco, pollo o pescado hervido y huevos escalfados.

D

Salsa deliciosa

Ingredientes

1 vasito de mahonesa, 120 g de salchichas, 4 cucharaditas de salsa de tomate, 100 g de variantes en vinagre (pepinillos, cebolla, coliflor, etc.).

1) Triturar las variantes en la batidora.
2) Mezclarlo con los dedos con la salchicha pelada y desmenuzada.
3) Añadir la salsa de tomate, la mahonesa y remover con un tenedor mezclando bien.
4) Dejar reposar al menos durante 1/2 hora antes de servir.

Datos de interés

Apropiada para acompañar carnes hervidas o fondue.

Salsa demi-glace

Ingredientes

0,5 l de salsa española, 1 cucharadita de extracto de carne, 1 dl de vino de madeira o de oporto.

1) Preparar la salsa española (véase pág. 50) y llevarla a ebullición.
2) Añadir el extracto de carne y removerlo con una cuchara de madera durante algunos minutos.
3) Sacarla del fuego y añadir en el momento de servir 1 dl de vino de madeira o de oporto.

Datos de interés

Servir caliente con jamón en dulce caliente o también rosbif, caza, etcétera.

Salsa divina mesina

Ingredientes

50 cl de crema de leche espesa, 15 g de mantequilla, 2 yemas de huevo, 1/2 cucharadita de mostaza, 1 cucharada de perifollo, 2 cucharadas de perejil, 1 cucharadita y 1/2 de estragón, 1 escalonia, 1 limón.

1) Amasar la mantequilla con 1 cucharada de harina.
2) Batir las yemas de huevo.
3) Picar finamente el perifollo, el perejil, el estragón y la escalonia.
4) Poner todos los ingredientes en un cazo junto con la crema de leche, la mostaza y la mitad de la piel del limón rallada.
5) Llevarlo a fuego lento y cocerlo sin dejar de remover durante unos 15 minutos, hasta que esté a punto de ebullición.
6) Finalmente agregar el zumo de limón y ya estará lista.

Datos de interés

Apropiada para servir con un buen pescado cocido en un caldo corto. Calentar momentos antes de servirla.

Salsa dorada

Ingredientes

Salsa blanca, 2 yemas de huevo, jugo de limón, 30 g de mantequilla, sal.

1) Preparar la salsa blanca (véase pág. 31) como receta base.
2) Meter en un tazón las dos yemas de huevo mezclándolas con el jugo de limón.
3) Añadir 2 o 3 cucharadas de salsa blanca y seguidamente el resto de golpe.
4) Removerlo todo muy bien.
5) Disolver la mantequilla y añadirla a la mezcla anterior.
6) Por último, rectificar de sal.

Datos de interés

Apropiada para condimentar carnes, pescados o verduras.

Salsa dulce

Ingredientes

20 g de harina, 30 g de mantequilla, 1/2 litro de leche o nata, 2 cucharadas de rábano picante, 1 cucharada de vinagre, una pizca de sal, 1/2 cucharada de azúcar.

1) Remover la harina con la mantequilla.
2) Hervir la nata o la leche y añadirlo a la mezcla anterior.
3) Dejarlo hervir 5 minutos vigilando que la leche no se coagule.
4) Luego pasar la salsa por un colador de agujeros finos.
5) Añadir el rábano rallado, sal, pimienta, azúcar y vinagre, sin dejar de remover.

Datos de interés

Apropiada para servir con pescado hervido o carne asada.

E

Salsa Elisenda

Ingredientes

Un poco de pan casero duro, 2 partes de tuétano de buey, caldo, aceite, pimienta.

1) Ablandar el pan con un poco de caldo de buey.
2) Añadir el tuétano de buey fresquísimo cortado a daditos.
3) Hacerlo hervir todo ligeramente durante 1 hora.
4) Luego añadir un poco de mantequilla fundida.
5) Espolvorear con abundante pimienta negra recién molida antes de servirla.

Datos de interés

Apropiada para servir con hervidos de ternera.

Salsa Elisenda aromatizada

Ingredientes

Pan casero, aceite, cebolla, ajo, hierbas aromáticas, pimienta.

1) Preparar la salsa Elisenda sólo con aceite, una picada abundante de cebolla, ajo, pan, un poco de pimienta y hierbas aromáticas según el gusto.
2) Añadirlo a la mitad de la cocción.

Datos de interés

Apropiada para servir con alimentos hervidos, verduras o legumbres.

Salsa con endibia

Ingredientes

4 manojos de endibias, 1 cucharada de concentrado de tomate, 1 cabeza de ajo, 1 anchoa salada, aceite de oliva, poca sal y pimienta negra recién molida.

1) Quitar las hojas secas a las endibias, lavarlas y secarlas con un trapo limpio.
2) Luego cortarlas a trocitos.
3) Poner 4 cucharadas de aceite en un recipiente de barro.
4) Agregar el ajo machacado, la anchoa desalada (sacar la sal con los dedos sin lavarla), desmenuzarla y a trocitos aplastarla con un tenedor.
5) Incorporar la ensalada y el concentrado de tomate diluido con un poco de agua caliente.
6) Finalmente cocerlo todo y servir.

Datos de interés

Apropiada para servir con cualquier tipo de pasta, con abundante pimienta negra y sin queso rallado.

Salsa de enero

Ingredientes

100 g de atún en aceite, 2 anchoas, 1/2 vaso de aceite, un puñado de alcaparras.

1) Trabajar el atún con las anchoas limpias de espinas y desaladas.
2) Triturarlo todo y añadir un poco de aceite.
3) Condimentarlo con las alcaparras bien escurridas en vinagre.

Datos de interés

Fácil de preparar.

Salsa de escabeche

Ingredientes

3 nabos, 3 cebollas, perejil fresco, 2 gambas, 1 hoja de laurel, sal, pimienta en grano, un vaso de agua lleno de vinagre, agua.

1) Pelar y cortar los nabos, las cebollas y dos gambas.
2) Ponerlo en una cazuela con agua a fuego moderado.
3) Añadir el laurel, el perejil picado, pimienta en grano y el vinagre y cocerlo suavemente durante 1 hora.
4) Cuando empiece a hervir retirarla del fuego y pasarla por el chino.
5) Reservarla hasta el momento de servir.

Salsa escocesa

Ingredientes

100 g de leche, 15 g de mantequilla, 10 g de harina, 2 huevos duros, 1 pastilla de caldo, nuez moscada, whisky escocés, pimienta.

1) Preparar una bechamel con la leche, la mantequilla, la harina y un poco de nuez moscada.

2) Sazonarla con 1/4 de pastilla de caldo.
3) Picar finamente los huevos duros y añadirlos a la bechamel.
4) Condimentar con un poco de pimienta y una cucharada de whisky.

Datos de interés

Apropiada para servir muy caliente con huevos.

Salsa para espaguetis

Ingredientes

2 cebollas, 10 filetes de anchoas, aceite, pimienta.

1) Cortar finamente las cebollas y dorarlas con un poco de aceite de oliva.
2) Añadir los filetes de anchoas saladas, lavados, limpios de espinas y cortados a trocitos, junto con medio vaso de agua.
3) Hervir hasta que las cebollas estén blandas y el agua se haya evaporado del todo.

Datos de interés

Apropiada para servir con espaguetis con mucha pimienta recién molida.

Salsa a la española

Ingredientes

2 kg de huesos de ternera, 1 cebolla en daditos, 4 zanahorias en daditos, 3 tallos de apio en daditos, 3 hojas de laurel, 3 dientes de ajo, 2 cucharaditas de sal, 1/2 taza de harina, 3 l de agua, 1 ramillete de hierbas, 1 taza de tomates hechos puré, 3/4 de taza de poros picados, 3 ramitas de perejil.

1) Precalentar el horno a 230 °C.
2) Colocar en una cazuela para asar los huesos, la cebolla, las zanahorias, el apio, las hojas de laurel, el ajo y la sal.
3) Hornear de 45 a 50 minutos hasta que los huesos estén bien dorados, no quemados.

4) Espolvorear con la harina y hornear otros 15 minutos más.

5) Pasar los ingredientes a una olla para caldo.

6) Verter un poco de agua en la cazuela, remover rápidamente y verter la mezcla a la olla.

7) Agregar todos los ingredientes restantes y hervir.

8) Reducir a fuego lento y cocerlo de 3 a 4 horas hasta que el líquido se haya reducido a la mitad.

9) Quitar la espuma que haya subido a la superficie.

10) Colar la salsa para quitar los huesos, etc.

11) Finalmente colarla por segunda vez a través de una estopilla.

Datos de interés

Se puede conservar en el frigorífico durante 2 o 3 días.

Salsa de espárragos

Ingredientes

1 kg de espárragos, 500 g de tomates maduros de lata, aceite de oliva, sal y pimienta.

1) Cortar las puntas verdes de los espárragos, lavarlos y escurrirlos bien.

2) Verterlos en una cacerola con aceite caliente.

3) Dejarlos un momento y luego añadir los tomates triturados, la sal y la pimienta.

4) Tapar y dejarlo cocer a fuego moderado.

Datos de interés

Indicada para servir con platos de pasta, especialmente con espaguetis.

Salsa espesa

Ingredientes

500 g de cebollas, 70 g de mantequilla, 4 tomates pelados, 1 cucharada de perejil picado, 100 g de parmesano rallado, 1/2 l de leche, sal, pimienta, un poco de harina.

1) Cortar en finos filetes las cebollas.

2) Rehogarlas en 50 g de mantequilla a fuego lento y tapadas sin dejar que se doren.

3) Espolvorearlas con harina y sacarlas.

4) Agregar pimienta y leche hirviendo.

5) Tomar los tomates y mezclarlos con la restante mantequilla y el perejil picado.

6) Salarlos, echarles pimienta y luego pasarlo por el tamiz.

7) Añadir el compuesto de tomate al de las cebollas y a fuego lento mezclarlo muy bien.

8) Por último, añadir el queso rallado.

Datos de interés

Apropiada para servir sobre cortezas de pan frito.

Salsa estival

Ingredientes

Mahonesa, puré de espinacas, perifollo, corteza de rábano rojo, pimienta.

1) Picar finamente todos los ingredientes.

2) Agregar la mezcla a la mahonesa y remover bien.

Salsa europea

Ingredientes

1 yogur, 1 cucharada de rábano rallado, 1 cucharada de mostaza fuerte.

1) Mezclar todos los ingredientes con la batidora durante unos segundos.

2) Mantenerla en el frigorífico hasta el momento de servirla.

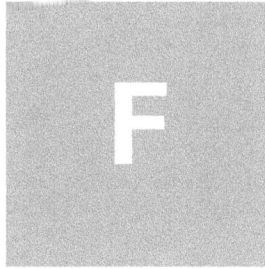

Salsa de frambuesas

Ingredientes

1 kg de frambuesas, 1 cucharada de maicena, 3 cucharadas de Jerez, 4 cucharadas de azúcar fino.

1) En el triturador de alimentos hacer puré las frambuesas.
2) Luego colarlo y desechar la pulpa y las semillas.
3) Mezclar 3 tazas de jugo de frambuesa con la maicena, el jerez y el azúcar.
4) Calentar lentamente hasta que la salsa se espese.

Salsa fría provenzal

Ingredientes

2 dientes de ajo, 3 anchoas, 2 yemas de huevo, 1 cucharada de agua, sal, unos 25 cl de aceite de oliva, el zumo colado de 1 limón.

1) Desalar los filetes de anchoas, enjuagarlos y secarlos.
2) Machacarlos en un mortero junto con los dientes de ajo.
3) Incorporar las yemas de huevo, el agua y un poco de sal.
4) Machacar la mezcla con fuerza, añadiendo el aceite poco a poco.
5) Finalizar agregando el zumo del limón para que la salsa quede bastante clara.

Datos de interés

Apropiada para servir con parrilladas, carnes o pescados fríos.

H

Salsa para hamburguesas

Ingredientes

1 kg de tomates, 1/2 vaso de vinagre, 2 g de canela, clavo, pimienta negra, 2 cucharadas de azúcar.

1) Poner en una cacerola el vinagre junto con el azúcar , la canela, los clavos y la pimienta.
2) Aparte, lavar, secar y trocear los tomates maduros.
3) Dejarlos cocer hasta que tomen la consistencia de una salsa.
4) Pasarlo por el tamiz y verterlo en una cacerola.
5) Finalmente con ayuda de un embudo verterla en una botella, llenándola por completo y cerrada herméticamente.

Datos de interés

Conservar en lugar fresco y oscuro.

Salsa a las hierbas

Ingredientes

1 cebolla pequeña, 4 hojas de salvia, las puntas de una ramita de romero, un puñado de hojas de albahaca, un manojo de perejil, 4 hojitas de menta, 1 hoja de laurel, 1 cabeza de ajo, una rociada de vino blanco seco, aceite de oliva abundante, sal al gusto, un trocito de pimientillo picante.

1) Freír en una cacerola con abundante aceite de oliva el ajo y la cebolla picados finamente.
2) Agregar todas las hierbas finamente picadas y dejarlas cocer algunos minutos.
3) Luego bañarlo todo con el vino blanco seco.
4) Añadir sal y alguna cucharada de agua caliente si está muy espesa.

Datos de interés

Apropiada para servir con platos de pasta.

Salsa de higadillos

Ingredientes

200 g de higadillos de pollo o de conejo, 50 g de mantequilla, un poco de vino blanco, un poco de cebolla triturada, un poco de harina, 1/2 vaso de vino blanco, sal.

1) Deshacer la mantequilla en una cacerola.
2) Agregarle la cebolla haciéndola dorar.
3) Incorporar también los higadillos troceados, ligeramente harinados y salados.
4) Verter el vino y dejarlo evaporar.
5) Cocer a fuego lento para evitar el endurecimiento de los higadillos.

Datos de interés

Apropiada para servir con platos de pasta, como tallarines o espaguetis.

Salsa holandesa

Ingredientes

70 g de mantequilla, 2 yemas de huevo, jugo de limón, sal y pimienta.

1) Fundir la mantequilla sin dejar que se dore.
2) Echar las yemas de huevo en una cacerola, al baño maría y a fuego lento.
3) Remover con una cuchara de madera añadiendo un poco de sal y una pizca de pimienta.
4) Cuando la mezcla se haya coagulado verter la mantequilla fundida sin dejar de remover.
5) Por último, agregar el zumo de limón.

Salsa de champiñones

Ingredientes

1/2 kg de champiñones, 2 dientes de ajo, perejil fresco, 50 g de jamón, un poco de pimienta blanca, 1/2 l de vino blanco, un poco de agua, sal, aceite o manteca de cerdo.

1) Separar los sombrerillos de los tallos y en una parrilla al fuego hacer que suelten el agua.
2) Secarlos bien y cocerlos en el aceite.
3) Aparte hacer un picadillo con los tallos y cortar a trozos los ajos, el perejil y el jamón.
4) Añadirle un poco de pimienta.
5) Colocarlo todo en una cacerola con 1/4 l de agua y el vino blanco.
6) Cocerlo a fuego lento durante una media hora.
7) Ligar bien la salsa y dejar enfriar.

Datos de interés

Hay la posibilidad de conservarla envasada si se cuece durante 1 h y 1/2 al baño maría.

Salsa con huevo

Ingredientes

3 yemas de huevo, 1/4 de nata, 50 g de mantequilla, abundante queso rallado, sal y pimienta negra picada al momento.

1) Batir en un recipiente los huevos, la nata, la mantequilla reblandecida, la sal y la pimienta.
2) Una vez conseguida la mezcla, servir enseguida.

Datos de interés

Apropiada para servir con platos de pasta, como fideos o tallarines.

Salsa de huevo duro

Ingredientes

1 huevo duro, un poquito de mostaza, sal y pimienta.

1) Hervir el huevo y chafarlo hasta obtener una finísima pasta.
2) Agregar un poco de mostaza, aceite, vinagre y mezclar bien.

Datos de interés

Emplear sólo 2 yemas de huevo para conseguir el color apropiado.

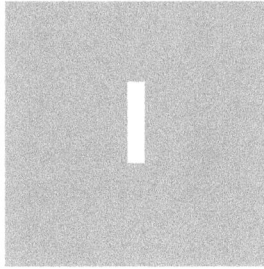

Salsa ibicenca de perejil

Ingredientes

60 g de perejil, 2 dientes de ajo, sal, pimienta de Cayena, 1 limón, 10 cl de aceite.

1) Machacar en un mortero el ajo, el perejil y la pimienta al gusto.
2) Agregar el zumo de limón, el aceite y batirlo bien.

Datos de interés

Apropiada para servir con pescado escalfado o asado a la parrilla.

Salsa inglesa (worcester)

Ingredientes

Perejil, 2 huevos duros, bechamel.

1) Triturar con los huevos un puñado de perejil lavado y escurrido.
2) Hacer una bechamel y mezclarlo todo cuando esté caliente.

Datos de interés

Apropiada para servir con cualquier pescado hervido.

Salsa italiana

Ingredientes

8 tiras de tocino picadas, 1 cebolla pequeña en trocitos finos, 115 g de champiñones rebanados, 2 tallos de apio, 1 pimiento verde, 3 tazas de salsa de tomate, 1/4 taza de jerez.

1) Freír el tocino en una cacerola.

2) Agregar la cebolla, los champiñones, el apio en daditos finos y el pimiento verde también en daditos.

3) Cocerlo hasta que se ablanden y luego escurrir la grasa.

4) Agregar la salsa de tomate y el jerez y cocerlo a fuego lento durante 10 minutos.

J

Salsa de jamón y anchoas

Ingredientes

Cebolla, perejil, albahaca, jamón, alcaparras, aceite, anchoas, el zumo de 1/2 limón, caldo casero.

1) Picar la cebolla, el perejil, la albahaca, el jamón crudo y las alcaparras bien escurridas del vinagre.
2) Ponerlo en el fuego con el aceite y dejar que se rehoge muy lentamente.
3) Cuando la cebolla se haya dorado añadir un poco de caldo.
4) Incorporar, cuando este hierva, dos anchoas bien limpias y a trocitos.
5) Remover bien para que se deshaga todo.
6) Finalmente, agregar el zumo de 1/2 limón en el momento de sacarla del fuego.

Datos de interés

Tener en cuenta que es una salsa bastante picante.

Salsa de jitomate

Ingredientes

2 tomates grandes, 2 cucharadas de aceite de oliva, 1 cebolla, 1 diente de ajo, 1/2 cucharadita de azúcar, 2 o más chiles serranos, sal y pimienta, 1 cucharada de cilantro fresco.

1) Picar finamente el ajo y la cebolla y freírlos en el aceite hasta que estén blandos.

2) Aparte pelar los tomates, sacarles las semillas y trocearlos.

3) Agregarlos a la mezcla anterior junto con el azúcar y los chiles serranos previamente picados.

4) Cocerlo todo a fuego lento durante 15 minutos.

5) Añadir el cilantro picado y proseguir la cocción de 1 a 2 minutos más.

Datos de interés

Puede servirse tanto caliente como fría.

Salsa con judías

Ingredientes

500 g de judías hervidas, 50 g de tocino, 1 cebolla mediana, 1 cucharadita de salsa de tomate, 2 cucharaditas de perejil triturado, sal, pimienta, aceite de oliva.

1) Picar el tocino y la cebolla y hacer un sofrito con 4 cucharadas de aceite.

2) Añadirle la salsa de tomate diluida con un poco de agua caliente.

3) Hacerlo cocer hasta que el jugo se condense.

4) Añadir entonces las judías, el perejil, sal y pimienta.

5) Dejarlo cocer durante unos 10 minutos.

Datos de interés

Apropiada para servir con platos de pasta.

L

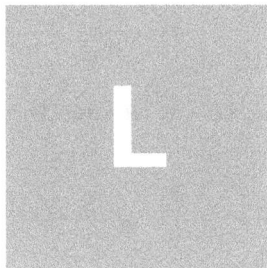

Salsa para langosta

Ingredientes

10 nueces, 15 almendras peladas, 20 g de piñones, 10 avellanas, 1 cucharada de mostaza dulce, 1 vasito de aceite de girasol, 8 alcachofas en aceite, 1 limón, sal.

1) Pelar las nueces, las almendras, las avellanas y picarlas junto con las alcachofas.

2) Ponerlo todo en un recipiente y añadir la mostaza, el zumo de limón, la sal y el aceite.

3) Removerlo todo hasta conseguir una pasta homogénea.

4) Verterla en una salsera y servir con la langosta preparada.

Datos de interés

También se puede servir con rodajas de esturión rebozadas con harina y huevo batido con sal, pimienta, nuez moscada y fritas en una sartén con mantequilla.

Salsa de langostinos

Ingredientes

4 langostinos, 1 rama de perejil fresco, 1 chorro de vino blanco seco, 1 cebolla, 1 diente de ajo, 1 cucharada sopera llena de mantequilla, 1 yema de huevo cocido, agua, sal.

1) Poner una cacerola al fuego con 1/2 l de agua aproximadamente.

2) Agregar la cebolla cortada a trozos, el perejil, el ajo, el vino blanco y la sal.

3) Echar los langostinos cuando empiece a hervir y dejarlo cocer durante 1/4 de hora.

4) Entonces retirarlo del fuego, separar la cola de los langostinos y pelarlos.

5) Reservar las colas y machacar lo demás en el mortero.

6) Una vez esté como una papilla, mezclarlo con el agua de la cocción y ponerlo al fuego durante 3 o 4 minutos.

7) Mientras dorar la harina en la mantequilla.

8) Una vez rehogada, agregar el caldo colado por un tamiz fino y hacerlo cocer durante 5 minutos.

9) Sazonar con sal.

10) Retirar del fuego y añadir la yema deshecha y las colas de los langostinos.

Datos de interés

Verter la salsa sobre el manjar elegido. Ideal para acompañar pescados.

Salsa con lengua de buey

Ingredientes

50 g de lengua de buey, 2 huevos duros, 2 yemas de huevo crudas, 50 g de mantequilla, 4 cucharadas de nata, 50 g de queso rallado, sal y pimienta al gusto.

1) Cortar a daditos la lengua de buey.

2) Poner en un recipiente las yemas de huevo crudas con el queso rallado, la mantequilla fundida, la nata, la sal y la pimienta.

3) Cuando alcance la consistencia de una crema agregar los daditos de lengua.

Datos de interés

Adornar la superficie de la pasta elegida con trocitos de huevo duro. Se aconseja que sean macarrones.

Salsa ligera

Ingredientes

1 cucharada de perejil, salsa dorada, 2 yemas de huevo y el jugo de 1 limón.

1) Preparar la salsa dorada con el caldo de pescado y el agua de cocción de unos mejillones.

2) Cuando esté lista añadir el perejil picado y hervirlo.

3) Incorporar las yemas de huevo y el jugo de limón.

Datos de interés

Apropiada para servir con mejillones en su concha.

Salsa lionesa

Ingredientes

3 cebollas, 30 g de mantequilla, 20 cl de vinagre de vino blanco, 20 cl de vino blanco, 50 cl de puré de tomate.

1) Poner las cebollas picadas y la mantequilla en un cazo de fondo grueso.

2) Cocerlo a fuego lento durante 30 minutos, hasta que las cebollas estén doradas y muy blandas.

3) Seguidamente añadir el vinagre, el vino y reducir la salsa a 2/3 partes.

4) Agregar el puré de tomate y cocerlo a fuego lento durante 5 o 6 minutos más.

5) Retirar la película que se forme en la superficie y tamizar.

M

Salsa maestra

Ingredientes

2 anchoas, 1 huevo, cebolla, apio, hierbas aromáticas, alcaparras, aceite, limón, sal y pimienta.

1) Picar finamente la albahaca, el perejil, el perifollo, la pimpinela y algunas hojas de apio.
2) Añadir un poco de cebolla, alcaparras y un par de anchoas sin espinas.
3) Poner la mezcla en una salsera y remover con una cuchara de madera.
4) Incorporar la yema de huevo duro triturada.
5) Condimentar con aceite, sal, pimienta y zumo de limón.

Datos de interés

Apropiada para servir con cualquier tipo de pescado.

Salsa mahonesa a mano

Ingredientes

150 g de aceite de oliva, 1 yema de huevo, 1 limón, sal y pimienta.

1) Verter en un recipiente la yema de huevo, una pizca de sal y otra de pimienta.
2) Removerlo bien añadiendo gota a gota un poco de aceite.
3) Cuando empiece a tomar consistencia, agregar algunas gotas de jugo de limón.
4) Añadir el resto del aceite, gota a gota, y el jugo de 1/2 limón, según el gusto.

Datos de interés

Para conservarla bien añadir una cucharada de agua hirviendo y remover bien.

Salsa mahonesa con batidora

Ingredientes

150 g de aceite de oliva, 1 yema de huevo, 1 limón, sal y pimienta.

1) Verter en el recipiente de la batidora todos los ingredientes.
2) Batirlo hasta lograr una consistencia espesa.

Datos de interés

Apropiada para servir con platos de carne, pescado o verduras.

Salsa mahonesa picante

Ingredientes

100 g de aceite de oliva, 1 yema de huevo, vinagre blanco, 1/2 limón, azúcar, 1 cucharada de rábano picante rallado, 1/2 cucharadita de polvos de jengibre, sal y pimienta.

1) Preparar una mahonesa con la yema, el aceite, 1 cucharadita de vinagre, el jugo de limón, sal y pimienta.
2) Añadir luego el rábano, los polvos de jengibre y una pizca de azúcar.
3) Remover todos los ingredientes cuidadosamente.
4) Verter la salsa en una salsera y servir.

Datos de interés

Apropiada para servir con carne ya cortada y dispuesta en una bandeja.

Salsa de manzanas al madeira

Ingredientes

20 cl de puré espeso de manzanas, 30 cl de madeira, 2 naranjas, 1 limón.

1) Rallar la cáscara de las naranjas y hacer zumo del resto.
2) Calentar en un recipiente la cáscara de las naranjas, el madeira y dejarlo reducir a la mitad.
3) Añadir el puré de manzana y remover sobre el fuego hasta obtener la consistencia deseada.
4) Luego dejarla enfriar.
5) Incorporar el zumo de limón y de naranja.

Preparación del puré de manzanas

1) Verter un poco de zumo de limón en un cuenco con agua.
2) Cuartear las manzanas, pelarlas y quitarles el corazón.
3) Ponerlas dentro del agua para evitar que oscurezcan.
4) Luego cocerlas a fuego lento, removiendo de vez en cuando hasta reducirlas a puré.

Datos de interés

Apropiada para servir con caza fría.

Salsa con manzanas verdes

Ingredientes

2 manzanas verdes, crema de leche, 50 g de mantequilla, un poco de zumo de limón, una rociada de brandy, una pizca de nuez moscada, sal y pimienta.

1) Pelar y rallar las manzanas.
2) Condimentarlas con un poco de zumo de limón.
3) Luego pasarlas a una cacerola con mantequilla y una pizca de nuez moscada.
4) Ponerlas a fuego vivo durante 5 minutos.
5) Verter la crema de leche y llevar la mezcla a una ligera ebullición.
6) Rociarlo con el brandy, poner sal, pimienta y bajar la llama.

Datos de interés

Apropiada para servir con espaguetis o tallarines.

Salsa marinera

Ingredientes

1/2 vaso de aceite, 3 dientes de ajo, 1 ramita de perejil, 1/2 taza de tomate fresco, 5 filetes de anchoas, sal y pimienta.

1) Triturar el ajo y el perejil y dorarlo en una sartén con el aceite.
2) Desmenuzar los filetes de anchoas y añadirlo junto con el tomate fresco.
3) Remover bien, dejándolo todo hervir durante aproximadamente 20 minutos.
4) Sazonarlo con sal y pimienta.

Datos de interés

Fácil de preparar, apropiada para servir con platos de pescado.

Salsa de mayo

Ingredientes

2 cucharadas de aceite de oliva, 1 cucharada de vinagre, 1 tomate de ensalada pequeño (duro pero ya rojo), 2 manojos de rabanitos, 1 yema de huevo, 1 cucharadita de coñac.
    1) Lavar bien los rabanitos.
    2) Pasarlos por la batidora o picadora junto con los demás ingredientes.
    3) Ponerlo en una salsera y mantenerla fría en el frigorífico.

Datos de interés

Apropiada para servir con huevos duros.

Salsa de mejillones

Ingredientes

36 mejillones, 2 cebollas, 3 ramitas de perejil, pimienta negra, 20 cl de vino blanco seco, 1 escalonia, 60 g de mantequilla, 1 cucharada de harina.

    1) Poner en un cazo los mejillones, las cebollas cortadas a rodajas finas, el perejil, la pimienta groseramente molida y la mitad del vino.
    2) Taparlo y cocer de 3 a 5 minutos a fuego vivo hasta que los mejillones estén abiertos.
    3) Decantar el líquido de cocción y dejarlo reposar.
    4) Luego colarlo por un tamiz de malla fina sobre otro cazo.
    5) Ponerlo a fuego muy lento para mantener el líquido caliente, sin dejar que hierva.
    6) Mientras, retirar los mejillones de sus conchas y colocarlos de nuevo dentro del líquido de cocción.
    7) Aparte freír lentamente la escalonia finamente picada en 30 g de mantequilla, sin dejar que se dore.

8) Luego espolvorear con la harina y mezclar para obtener un *roux* blanco.

9) Verter el vino restante, removiendo sin parar, junto con 20 cl del líquido de cocción y un poco de pimienta.

10) Reducir la salsa hasta que esté lo bastante espesa como para recubrir la cuchara.

11) Entonces agregar los mejillones y calentarla sin que llegue a hervir.

12) Retirarla del fuego e incorporar la mantequilla restante con una batidora de varillas.

Salsa a la menta

Ingredientes

1 puñado de hojas de menta, 1/2 vaso de vinagre, azúcar.

1) Picar finamente las hojas de menta.

2) Añadirle el vinagre y la cantidad de azúcar necesaria para obtener un sabor bastante dulce.

Datos de interés

Fácil de preparar, es una salsa óptima para acompañar el asado de cordero.

Salsa de miel y ajo

Ingredientes

1 taza de miel líquida, 1 cucharada de ajo en polvo

1) Calentar la miel en una cacerola o en el microondas.

2) Agregar el ajo batiendo a mano.

Datos de interés

Fácil y rápida de preparar.

Salsa de miel y mostaza

Ingredientes

2/3 taza de mahonesa, 1/3 taza de miel, 1/3 taza de mostaza de Dijon.
1) Mezclar bien todos los ingredientes en un recipiente.
2) Conservarla en el frigorífico hasta el momento de servirla.

Datos de interés

Fácil y rápida de preparar.

Salsa mixta

Ingredientes

1 cucharada sopera de salsa mahonesa, 1 cucharada de salsa de mostaza al estragón, 1 cucharada de ketchup.

1) Unir bien todas las salsas frías, hasta conseguir una mezcla uniforme.

Datos de interés

Muy sencilla y rápida de preparar. Se puede añadir una aceituna picada o huevos duros picados también.

Salsa de monte

Ingredientes

1 puñado de perejil, 1 diente de ajo, 1 anchoa, la miga de un panecillo, vinagre, aceite de oliva.

1) Picar finamente el perejil y luego añadirle el ajo también picado.
2) Lavar la anchoa de espinas y añadirla a la mezcla anterior.
3) Verter la picada en un tazón y añadir la miga del panecillo bañada en vinagre y desmenuzada.
4) Mezclar cuidadosamente los ingredientes con una cuchara de madera.

5) Agregar aceite de oliva hasta que la salsa resulte líquida.

6) Condimentarla con sal y pimienta.

Datos de interés

Salsa picante, apropiada para servir con cualquier alimento hervido.

Salsa morena

Ingredientes

60 g de cebolla, 60 g de tocino, 40 g de mantequilla, 1 cucharada de harina, 2 vasitos de caldo o pastilla o bien agua, 1 puñado de hierbas aromáticas, un poco de sal.

1) Cortar la cebolla a rodajas finas, el tocino a daditos y la mantequilla a trocitos y ponerlo todo en una cazuela honda.

2) Llevarla al fuego y dejar que se caliente moderadamente hasta que la cebolla esté ligeramente dorada.

3) Espolvorear la mezcla con harina, removiendo con una cuchara de madera.

4) Cuando la harina se oscurezca, verter el caldo todo de golpe y seguir removiendo hasta que comience a hervir.

5) Condimentar con sal y pimienta.

6) Agregar el manojo de hierbas, (perejil, tomillo, laurel) y cocerlo a fuego lento durante 20 minutos sin dejar de remover.

7) Pasar la salsa por un colador y volver a ponerla al fuego para calentarla de nuevo.

Datos de interés

Apropiada para servir con carnes, legumbres calientes, o bien como base de otras salsas.

Variante n.º 1

Ingredientes

100 g de jamón crudo, 25 g de mantequilla, 1/2 cebolla, 1 vaso de vino blanco seco, aguardiente, 2 trufas negras, 1 puñado de hierbas aromáticas, salsa morena.

1) Triturar la cebolla y cortar el jamón a daditos.

2) Ponerlo en una sartén con la mantequilla y hacer que se dore.

3) Entonces bañarlo con el vino y 2 o 3 cucharadas de aguardiente y hacerlo flamear.

4) Agregar el puñado de hierbas junto con las pieles de 2 trufas.

5) Dejar evaporar el vino a la mitad y entonces pasarlo por un colador.

6) Cortar a trocitos las trufas anteriormente peladas y añadirlo todo a la salsa morena.

Datos de interés

Apropiada para servir con asados o con bistecs a la parrilla.

Variante n.º 2

Ingredientes

1/4 de cebolla, 1 vaso de vinagre aromatizado, 75 g de pepinillos en vinagre, salsa morena.

1) Picar la cebolla y hervirla a fuego lento en una cacerola con el vinagre.

2) Reducirlo todo a 2/3 partes y luego pasarlo por el tamiz.

3) Cortar a rodajas los pepinillos y añadirlo a la mezcla anterior.

4) Mezclarlo todo con la salsa morena.

Datos de interés

Apropiada para servir con carnes al horno o a la parrilla.

Salsa mornay

Ingredientes

Bechamel, 30-120 g de queso gruyère o parmesano.

1) Hacer la bechamel con un poco menos de harina que la usual.

2) Cuando esté cocida sacarla del fuego y verter poco a poco el queso, evitando que se formen grumos.

Datos de interés

Apropiada para servir con huevos, verduras calientes, *bignè* de queso gratén.

Salsa de mostaza

Ingredientes

160 g de mantequilla, 3 yemas de huevo, 1 cucharadita abundante de jugo de limón, 1 cucharadita de mostaza inglesa, sal y pimienta.

1) Batir una pequeña nuez de mantequilla con las yemas de huevo y el zumo de limón.
2) Tenerlo al baño maría hasta que la mantequilla se haya fundido por completo.
3) Agregar los pedacitos de mantequilla uno a uno sin dejar de remover con una cuchara de madera.
4) Cuando haya adquirido la consistencia de una mahonesa, añadir la sal y la pimienta.
5) Luego pasarlo por el tamiz.
6) Mantenerla al baño maría hasta el momento de servir.
7) Incorporar entonces la mostaza en polvo diluida en 1 cucharada de agua ligeramente tibia.

Datos de interés

Está considerada como salsa picante.

Salsa a la naranja

Ingredientes

1 taza de mezcla de nueces, avellanas, piñones y pistachos, 1/2 vasito de aceite, 1 vasito de jugo de naranja, 1 cucharada de mostaza francesa.

1) Picar finamente las nueces, las avellanas, los piñones y los pistachos.
2) Batirlo junto con el aceite, el apio, el jugo de naranja y la sal.
3) Pasarlo por la batidora y verterla en una salsera.

Datos de interés

Apropiada para servir con oca asada o pavo a la cerveza.

Salsa de naranjas agrias

Ingredientes

2 naranjas agrias, 1 limón, 1 litro de *velouté* reducida a 60 cl.

1) Pelar finamente la piel de la naranja y luego cortarla a tiras finas.
2) Blanquearla en un considerable volumen de agua hirviendo durante 3 minutos.
3) Escurrirla y secarla con un paño.
4) Aparte incorporar a la *velouté*, sin dejar de remover, el zumo de las naranjas y del limón.
5) Tamizarlo y añadir las tiras de la piel de naranja.

Datos de interés

Al cortar la piel de la naranja, tener cuidado de no pelar la membrana blanca amarga.

Salsa con nata

Ingredientes

Salsa blanca, 2 yemas de huevo, 100 g de nata fresca, sal.

1) Preparar la salsa blanca (véase pág 31) como la receta base.
2) Aparte calentar ligeramente la nata líquida.
3) Agregar las yemas de huevo y remover.
4) Incorporar la salsa blanca caliente poco a poco y a continuación el resto de golpe.
5) Poner sal si es necesario y servir.

Salsa a la nata ácida

Ingredientes

100 g de mahonesa, 25 g de nata, 1/2 limón, hinojo en polvo, salsa inglesa (worcester).

1) Verter la nata en una cacerola y añadirle el jugo colado de limón y una pizca de hinojo.
2) Colocar el compuesto durante 30 minutos en la parte menos fría del frigorífico, removiendo de vez en cuando.

3) Luego añadir la mahonesa y la salsa inglesa.

4) Removerlo y dejar reposar durante otros 30 minutos.

Datos de interés

Simple y fácil de preparar, apropiada para acompañar cualquier tipo de carne fría, hervida o asada, embutidos, etc.

Salsa negra

Ingredientes

Aceite, 2 cucharadas de pan rallado, tomates pelados, pimiento en vinagre, vinagre y sal.

1) Dorar el pan rallado en una sartén con un poco de aceite, removiéndolo continuamente.

2) Rociarlo con un poco de vinagre y ponerle sal.

3) Aparte pelar los tomates, pasarlos por el tamiz y añadirlos a la mezcla anterior.

4) Removerlo de vez en cuando para que tome consistencia.

5) Antes de servir agregar algún trocito de pimiento bien desmenuzado.

Datos de interés

Apropiada para servir con alimentos hervidos.

Salsa de nueces

Ingredientes

500 g de nueces, un poco de miga de pan, 1/2 cabeza de ajo, leche cuajada, 3 cucharadas de aceite de oliva, sal.

1) Pelar las nueces, extraer el fruto, ponerlas en agua hirviendo y luego pelarlas.

2) Triturarlas poco a poco en un mortero de mármol junto con la miga de pan empapada en leche y desmenuzada, el ajo y la sal.

3) Cuando sea una mezcla bien homogénea, pasarla por la batidora.

4) Verterla en un recipiente y diluirla con el aceite y la leche cuajada, removiendo muy bien.

Datos de interés

Apropiada para servir con espaguetis.

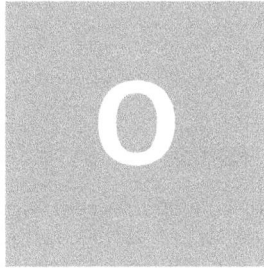

Salsa para oca

Ingredientes

5 manzanas reinetas, 1 cucharada de azúcar, 25 g de mantequilla, la piel de 1 limón.

1) Pelar las manzanas, sacarles el corazón y cortarlas muy finamente.

2) Meterlas en una cacerola cubiertas con agua fría.

3) Cocerlas a fuego lento durante más de 1/2 hora, removiendo con frecuencia.

4) Cuando estén muy blandas, agregar el azúcar, la mantequilla y la piel de limón.

5) Batir todos los ingredientes hasta que estén bien mezclados.

Salsa al orégano

Ingredientes

5 nueces, 10 g de piñones, 2 huevos duros, 2 pepinillos, 1 pizca de orégano y mejorana, 4 aceitunas, 2 alcachofas en aceite, 1/2 vasito de aceite de girasol, sal y pimienta.

1) Picar finamente los huevos duros con las nueces y los piño-

nes.

2) Ponerlo en una cacerola con aceite, dejándolo cocer durante 5 minutos.

3) Mientras hacer una picada con las aceitunas y las alcachofas.

4) Incorporarle el orégano y la mejorana.

5) Verterlo todo en la cacerola rehogándolo durante 5 minutos.

6) Sazonarlo con sal y pimienta y dejar enfriar.

Datos de interés

Apropiada para servir con cordero o cabrito rustido, pollo, pichones asados o pintada.

Salsa de otoño

Ingredientes

Cebolla, ajo, aceite, vino tinto, especias, miga de pan, extracto de carne, médula de buey, hierbas aromáticas.

1) Preparar una abundante picada de ajo y cebolla.

2) Rehogarlo con aceite y bañarlo con vino tinto.

3) Añadir una pizca de especias varias, un poco de miga de pan desmenuzada, una pizca de extracto de carne y algo de tuétano de buey fresquísimo.

4) Enriquecerlo con una picada de hierbas aromáticas al gusto.

5) Añadir abundante pimienta recién molida.

Datos de interés

Apropiada para servir con carnes a la parrilla.

Salsa de pan

Ingredientes

100 g de miga de pan del día anterior, 1 cebolla pinchada con 2 clavos, sal, 1 hoja de laurel, 1 o 2 arilos de macis, 15 cl de crema de leche espesa, 30 g de mantequilla troceada.

1) Poner en un cazo la leche, la cebolla, una pizca de sal, el laurel, el macis y llevarlo todo a ebullición.
2) Añadir el pan desmenuzado y cocerlo a fuego lento durante unos 20 minutos, removiendo de vez en cuando.
3) Retire la cebolla y los condimentos con una espumadera.
4) Añadir la crema de leche, mezclando con una batidora.
5) Ya fuera del fuego, agregar la mantequilla sin dejar de batir.

Salsa de patatas

Ingredientes

250 g de patatas, 4 cucharadas de aceite de oliva, 2 pimientos rojos, 300 g de tomates, sal, 4 granos de comino, 1 hoja de laurel, 15 cl de agua.

1) Pelar y cortar a rodajas las patatas.

2) En una cacerola calentar el aceite y añadir las rodajas de patata, friéndolas durante 5 minutos.

3) Aparte limpiar de semillas los pimientos rojos y picarlos finamente.

4) Hacer lo mismo con los tomates.

5) Incorporarlo a las patatas y cocerlo durante unos 15 minutos hasta que las patatas estén tiernas.

6) Salar al gusto y añadir los granos de comino, la hoja de laurel y el agua.

7) Hacer que hierva durante 5 minutos.

8) Pasar la mezcla por un tamiz de malla fina.

9) Finalmente, ponerlo al fuego durante 2 minutos más, retirando la espuma que se forme.

Datos de interés

Ideal para acompañar platos de pescado.

Salsa para pavo

Ingredientes

1 taza de leche, 80 g de miga de pan tierno, 1 cebolla, 1 clavo, 50 g de mantequilla, 1 dl de crema de leche, sal.

1) Llevar la leche a ebullición.

2) Agregar la miga de pan desmenuzada, la cebolla entera pelada y limpia, junto con el clavo, la mitad de mantequilla y un pellizco de sal.

3) Dejarlo cocer durante 1/4 hora a fuego lento, con la cacerola medio tapada.

4) Seguidamente quitarlo del fuego y separar la cebolla.

5) Pasar la crema de leche por el tamiz y ponerla nuevamente en el fuego.

6) Removerlo muy bien.

7) Apartarlo del fuego y añadir la mantequilla restante.

8) Remover de nuevo y esperar a que la mantequilla se haya disuelto.

Salsa con pepinillos

Ingredientes

10 g de harina, 1 vaso de leche descremada, 50 g de pepinos en aceite, 1/2 cucharadita de paprika, 1 cucharada de salsa worcester, sal y pimienta.

1) Disolver la harina con un poco de leche fría.
2) Ponerlo en una cacerola con el resto de la leche, agregando los demás ingredientes.
3) Cocerlo al baño maría hasta que la mezcla tome consistencia.

Salsa con pepinos

Ingredientes

1 pepino, 1 puñado de perejil, 1 diente de ajo, 4 cucharadas de aceite, 2 cucharadas de vinagre, 1 cucharada de agua, sal y pimienta.

1) Picar el pepino y el perejil.
2) Aparte, restregar con ajo la parte inferior de un tazón y echar dentro la sal, la pimienta, el vinagre y el aceite.
3) Removerlo todo muy bien.
4) Por último, incorporar la picada de perejil y pepino.

Datos de interés

Apropiada para servir con espárragos o cualquier tipo de hervido.

Salsa de perejil

Ingredientes

1 puñado de perejil, pimienta negra, 80 g de mantequilla.

1) Picar finamente el perejil y esparcir por encima la pimienta.
2) Aparte fundir la mantequilla y añadirla caliente a la mezcla anteriormente preparada.
3) Removerlo todo muy bien y verterlo en una salsera caliente, tipo termo.

Salsa para pescado a la parrilla

Ingredientes

2 huevos duros, 2 o 3 anchoas, aceite, jugo de limón.

1) Pasar por el triturador los huevos y las anchoas limpias de espinas.
2) Verterlo en un tazón y agregarle aceite y zumo de limón, removiéndolo muy bien.

Salsa para pescado hervido

Ingredientes

15 g de mantequilla, 1 cucharada de harina, 2 yemas de huevo, aceite, limón, caldo, sal.

1) Poner en el fuego una pequeña cacerola con la mantequilla y la harina.
2) Cuando haya tomado color, verter 2 cucharones de caldo de pescado.
3) Una vez la harina haya dejado de aumentar, apartar el recipiente del fuego.
4) Incorporarle 2 o 3 cucharadas de aceite, las yemas bien batidas, el zumo de limón y la sal.
5) Removerlo todo muy bien.

VARIANTE

Ingredientes

15 g de mantequilla, 1 cucharada de harina, 1 cucharada de fécula de patata, 1 yema de huevo, alcaparras, caldo, vino.

1) Dorar la harina con una nuez de mantequilla.
2) Añadirle una cucharada de caldo y un poco de vino.
3) Mientras se condensa, agregar la yema diluida con un poco de leche.
4) Incorporar también una cucharada de fécula de patata.

5) Cuando la salsa tome consistencia, añadir una dosis generosa de alcaparras en vinagre picadas finamente.

6) Removerlo con energía y verterlo en una salsera adornándolo con alcaparras.

Datos de interés

Apropiada para todo tipo de pescado hervido.

Salsa para pescado y crustáceos

Ingredientes

2 huevos duros, 1 cucharadita de alcaparras, 3 hojas de perifollo, 4 hojitas de perejil, 2 pepinos en aceite, 1/2 vasito de aceite de oliva, 1 cucharadita de vinagre blanco, sal y pimienta.

1) Batir a la máxima velocidad durante 1 minuto las yemas de huevo, el aceite y el vinagre.

2) Aparte hacer una picada de perejil, perifollo, alcaparras y pepinos.

3) Añadir esta picada a la mezcla anterior y condimentarlo con sal y pimienta.

4) Mezclar un poco más y verterlo en una salsera.

5) Por último, incorporar las claras de huevo y remover.

Salsa pesto

Ingredientes

3 dientes de ajo grandes, sal, 2 cucharadas de piñones, 60 g de hojas de albahaca, 2 o 3 ramitas de ajedrea de jardín, 100 g de parmesano, 15 cl de aceite de oliva.

1) En un mortero, machacar los ajos con un poco de sal hasta obtener un puré liso.

2) Agregar los piñones y seguir machacando hasta que esté bien unida.

3) Entonces agregar las hojas de albahaca lavadas y sin tallos junto con las ramitas de ajedrea, reduciéndolo a puré.

4) Aparte rallar el queso parmesano e incorporarlo alternativamente con el aceite, hasta obtener la consistencia apropiada.

Salsa picada

Ingredientes

6 dientes de ajo, 4 ramitas de perejil, 30 g de almendras, piñones, avellanas o nueces tostadas, 1 bizcocho o rebanada de pan blanco, 10 cl de agua o caldo tibio.

1) Machacar los dientes de ajo en un mortero hasta obtener una pasta.
2) Agregar el perejil y seguir machacando.
3) Cuando estén bien mezclados, añadir los frutos secos y después el bizcocho o la rebanada de pan frito en aceite.
4) Verter poco a poco el agua o el caldo tibio.
5) Cuando la salsa esté lista incorporarla al plato que se vaya a aromatizar.

Datos de interés

Apropiada para aromatizar sopas o guisos de carne o pescado, añadiéndola al plato principal aproximadamente hacia la mitad de su tiempo de cocción.

Salsa picante

Ingredientes

7 kg de tomates, 1 kg de cebollas, 7,5 dl de vinagre, 500 g de melaza (o 300 g de azúcar moreno), 30 g de sal, 25 g de pimienta, 1 nuez moscada, 1 ramita de jengibre, 20 g de clavos.

1) Hervir las cebollas con los tomates maduros durante unos 30 minutos, y luego pasarlo por el cedazo.
2) Volverlo a poner al fuego añadiendo el vinagre y la melaza hasta que la pasta se haya reducido a la mitad.
3) Agregar la sal, la pimienta en polvo o paprika picante, la nuez moscada, la ramita de jengibre rallada y los clavos reducidos a polvo.
4) Dejarlo cocer durante otros 10 minutos y ya estará lista.

Datos de interés

Apropiada para servir con alimentos hervidos o asados a la parrilla.

Variante n.º 1

1) Añadir a la salsa picante coñac y pimienta blanca molida.
2) Servir caliente.

Datos de interés

Apropiada para servir con crustáceos o gambitas hervidas y peladas.

Variante n.º 2

1) Añadir a la salsa picante una picada de cebollitas, alcaparras a la vinagreta, esencia de mostaza y pasas mezcladas con vino blanco seco.

Datos de interés

Apropiada para servir con algunos embutidos.

Salsa picante balsámica

Ingredientes

Huevos, apio, perejil, alcaparras, cebollitas, zanahorias, 1 cucharada de vinagre, 1 cucharada abundante de aceite, sal y pimienta.

1) Hervir los huevos y dejarlos enfriar.
2) Picarlos finamente junto con el apio, perejil, alcaparras, cebollitas y zanahorias.
3) Ponerlo todo en un recipiente con sal, pimienta, la cucharada de vinagre y la de aceite.
4) Removerlo todo muy bien y dejarlo reposar antes de servir.

Datos de interés

Muy simple de preparar. La cantidad de sus componentes puede variar según los gustos personales.

Salsa picante compuesta

Ingredientes

2 anchoas, 1 puñado de perejil, 2 dientes de ajo, 1 cucharadita de piñones, 1 cucharadita de alcaparras, 2 yemas de huevo, un poco de miga de pan, 8 aceitunas, 1 vaso de aceite, 1 vaso de vinagre, sal.

1) Desalar y limpiar las anchoas.
2) Mezclarlas con el perejil, el ajo, los piñones, las alcacaparras, las yemas de huevo duro, las migas de pan bañadas en vinagre, y las aceitunas deshuesadas.
3) Removerlo todo muy bien y agregar la sal necesaria.
4) Pasarlo por el tamiz añadiendo 1/2 vaso de vinagre y 1 vaso escaso de aceite de oliva.
5) Removerlo con una cuchara de madera hasta obtener una mezcla uniforme.

Salsa picante con rábano

Ingredientes

60 g de nata líquida, 30 g de mostaza francesa, 10 g de pan rallado, 1 cucharada de rábano en pasta, azúcar, sal.

1) Poner en un recipiente el pan rallado, la mostaza, la crema de rábano y removerlo bien.
2) Condimentarlo con una pizca de sal y una de azúcar.
3) Diluir la mezcla con la nata líquida.
4) Ponerla en el frigorífico bien tapada 1 hora antes de servir.

Datos de interés

Apropiada para acompañar todo tipo de carne hervida o asada.

Salsa de pimienta

Ingredientes

2 dedos de aceite extrafino de oliva, sal y pimienta.

1) Mezclar y batir bien todos los ingredientes.

Datos de interés

Apropiada para acompañar todo tipo de verdura cruda.

Salsa con pimiento

Ingredientes

1 pedacito de pimiento rojo picante, ajo, 1 panecillo, 1 yema de huevo duro, aceite de oliva, sal.

1) Picar finamente el pimiento junto con el ajo.
2) Meterlo en una cacerola, añadirle un poco de sal y dejarlo reposar algunos minutos.
3) Mientras poner la miga del panecillo en agua fría para que se ablande.
4) Desmenuzarla y añadirla al pimiento, aplastándolo todo con una cuchara de madera, hasta obtener una mezcla homogénea.
5) Incorporar la yema de huevo y remover.
6) Verter un poco de aceite mediante un chorrito fino y batir con una espátula.

Datos de interés

Está considerada como salsa picante.

Salsa de pimientos

Ingredientes

Pimientos, aceite, mantequilla, ajo, salsa de tomate, sal.

1) Abrir y limpiar de semillas y filamentos los pimientos rojos o verdes.
2) Dividirlos en 4 o 5 tiras cortadas a lo largo.
3) Pasarlos brevemente por la sartén para sacarles la sal.
4) Mientras hacer una picada de ajo y ponerlo al fuego con aceite y mantequilla.
5) Cuando haya tomado color echar los pimientos a la sartén.

6) Salarlos y agregar un poco de salsa de tomate para que tomen sabor.

Datos de interés
Apropiada para servir con alimentos hervidos.

VARIANTE

Ingredientes
2 vasos de aceite, 2 pimientos verdes, 50 g de parmesano rallado.

1) Pelar y triturar finamente los pimientos pasándolos durante 1 minuto por la picadora.
2) Pasarlo a un tazón y agregar el aceite y el parmesano rallado.
3) Remover bien de modo que se forme una mezcla homogénea.

Salsa pintada

Ingredientes
7 tomates, 2 cebollas, 1 zanahoria, 2 o 3 dientes de ajo, vinagre de vino tinto, aceite de oliva, 1 pizca de pimentón, azúcar, sal.

1) Lavar y picar los tomates, la zanahoria, las cebollas y el ajo.
2) Ponerlo en un recipiente de barro e incorporar el pimentón, 1 cucharada de azúcar, 1 de vinagre, sal y un poco de aceite fino de oliva.
3) Hacerlo cocer todo a fuego lento durante 3 o 4 horas.
4) Pasarlo por el tamiz, añadiendo un poco de aceite.

Datos de interés
Indicada para acompañar alimentos hervidos.

Salsa de piñones

Ingredientes

14 piñones pelados, 1 diente de ajo, 1 comino, 1 yema de huevo duro, agua, aceite, sal fina.

1) Picar en un mortero los piñones junto con el ajo, el comino y la yema de huevo duro.
2) Añadirle 2 o 3 cucharadas de agua y un poco de aceite.
3) Hervirlo ligeramente y servir.

Salsa de pollo

Ingredientes

1/2 taza de mantequilla, 1/2 taza de harina, 4 tazas (1 l) de caldo de pollo.

1) Derretir la mantequilla en una cacerola.
2) Agregar la harina y remover hasta formar una pasta rubia.
3) Añadir el caldo y cocer a fuego lento durante 30 minutos.

Salsa de primavera a la campesina

Ingredientes

Ajos frescos, 1 cebolla roja, albahaca, perejil, pimiento, aceite.

1) Meter la cebolla entera en un recipiente con un poco de aceite hasta que se haya reblandecido.
2) Luego picarlo junto con los ajos, la albahaca, el perejil, el pimiento y el aceite.
3) Removerlo todo muy bien.

Datos de interés

Se puede añadir también aceite con atún desmigajado.

Q

Salsa al queso

Ingredientes

1.500 g de tomates maduros, 150 g de queso fresco, 50 g de queso de oveja, orégano, aceite de oliva, sal y pimienta.

1) Hervir los tomates, pelarlos, triturarlos y ponerlos en un recipiente.

2) Cortar a finas lonchas el queso fresco y rallar el de oveja.

3) Poner al fuego una sartén con abundante agua salada y cuando hierva verter el tomate.

4) Luego pasarlo a una cacerola con aceite junto con los dos tipos de queso, el orégano, la sal y la pimienta.

5) Tapar y dejar cocer la salsa hasta que la pasta, preparada aparte, esté al dente.

6) Verterlo entonces a un mismo recipiente y ponerlo en el horno caliente durante 5 minutos.

Datos de interés

Apropiada para servir con macarrones.

Salsa de queso azul

Ingredientes

150 g de queso azul, 1/2 vasito de crema de leche, 50 g de mantequilla fresquísima, sal y pimienta blanca.

1) Quitarle la corteza al queso y cortarlo a trocitos.
2) Ponerlo en un recipiente con la mantequilla previamente reblandecida y mezclarlo.
3) Agregar la nata y la pimienta molida al momento.
4) Poner el recipiente al baño maría y remover la mezcla con una cuchara de madera hasta obtener una crema lisa y homogénea.
5) Servir muy caliente.

Datos de interés

Apropiada para servir con cualquier tipo de pasta corta.

Salsa de quilo

Ingredientes

14 cucharadas de mahonesa, 2 cucharadas de pulpa de quilo, 3/4 de pimiento rojo picado, 1 cucharadita de coñac.

1) Mezclar bien todos los ingredientes con una cuchara de madera.
2) Dejarla reposar durante 1/2 hora y servir.

Salsa de rábano

Ingredientes

Raíces de rábano, pan rallado, vinagre aromático, aceite, sal.

1) Rallar las raíces de rábano frescas y secas.
2) Mezclarlo con una cantidad de pan rallado igual a la mitad de su volumen.
3) Colocarlo en una salsera, salarlo y condimentarlo con el vinagre y abundante aceite.
4) Removerlo hasta que se forme la salsa.

Datos de interés

Su sabor fuertemente picante es muy apropiado para servir con hervidos, especialmente ternera.

Salsa ravigote

Ingredientes

1 taza de aceite de oliva, 1/4 taza de vinagre de vino tinto, 1 cucharada de mostaza de Dijon, 1 cucharada de alcaparras, 1 pequeña cebolla, 1 diente de ajo, 2 cucharadas de perejil y albahaca picados, 2 yemas de huevo, sal y pimienta.

1) Cortar y picar finamente la cebolla y el ajo junto con la mitad del vinagre.
2) Desmenuzar las yemas de huevo duro sobre la mezcla anterior.
3) Aparte emulsionar el aceite de oliva con la otra mitad del vinagre y la mostaza.
4) Incorporarlo a la mezcla anterior.
5) Agregar las alcaparras, la albahaca, el perejil picado y removerlo todo.

Salsa rémoulade

Ingredientes

100 g de mahonesa, 20 g de alcaparras, 20 g de perejil, 2 pepinillos, pasta de anchoas, mostaza francesa, estragón y perifollo frescos.

1) Picar las alcaparras bien desmenuzadas junto con los pepinillos y 2 o 3 ramitas de estragón y de perifollo.
2) Añadir la mezcla de la mahonesa junto con el perejil picado finalmente, un poco de pasta de anchoas y una cucharada rasa de mostaza.
3) Remover muy bien los ingredientes.
4) Verter el compuesto en una salsera y dejarla tapada hasta que se sirva.

Datos de interés

Mantenerla en el frigorífico hasta antes de servir.

Salsa de requesón

Ingredientes

150 g de requesón, 1 yema de huevo, sal, pimienta, un poco de trufa rallada (si se desea).

1) Batir en un recipiente la yema de huevo con el requesón hasta obtener un compuesto suave y ligero.

2) Sazonar con un poco de sal y pimienta.

Datos de interés

Apropiada para servir con tallarines. La trufa servirá para cubrir la superficie de la pasta.

Salsa de requesón y queso azul

Ingredientes

80 g de queso azul mantecoso, 1 vaso escaso de nata líquida, 1 cucharada de curaçao Bols, 1 bolita de espinacas ya cocidas, 80 g de requesón, 1 cucharada de vodka, abundante queso rallado, sal.

1) Verter en un recipiente la nata, el vodka y hacerlo hervir durante algunos minutos.

2) Añadir el queso azul aplastado con el tenedor, la sal y removerlo hasta obtener una crema.

3) Agregar las espinacas previamente picadas y batidas.

4) Agregar también el requesón, el curaçao y hacerlo hervir a fuego lento durante 5 minutos sin dejar de remover.

Datos de interés

Apropiada para servir con espaguetis, fideos o tallarines.

Salsa roja picante

Ingredientes

2 pimientos dulces, 1 diente de ajo, 1 punta de pimienta roja o paprika, miga de pan, aceite, vinagre, sal.

1) Picar cuidadosamente los pimientos pelados y limpios de semillas y filamentos.

2) Agregar, sin dejar de remover, el ajo, la pimienta roja, sal y la miga de pan bañada en vinagre.

3) Verter un poco de aceite sobre el triturado para dar a la salsa la consistencia apropiada.

Salsa romesco

Ingredientes

2 pimientos secos sin semillas y sin rabo, 3 dientes de ajo, 10 o 12 avellanas o almendras tostadas, 1 rebanada de pan blanco, 1/4 de aceite, 1 copita de vino del Priorato tinto, raspaduras de nuez moscada, un poco de guindilla picante, sal.

1) Freír ligeramente en una sartén de hierro o aluminio con aceite los pimientos secos y la rebanada de pan.

2) Una vez fritos retirarlos a un plato.

3) Majar en un mortero los ajos y las avellanas o almendras, machacándolo muy bien.

4) Incorporar los pimientos y seguir machacando.

5) Incorporar también la guindilla picante, el vino, la sal y las raspaduras de nuez moscada.

6) Removerlo todo muy bien hasta obtener una pasta fina.

Datos de interés

Salsa muy fuerte, apropiada para servir con pescados a la brasa.

Salsa rosa

Ingredientes

3 cucharadas de mahonesa, mostaza francesa, salsa worcester, salsa rubia, brandy, 1/4 de manzana.

1) Colocar la mahonesa en un tazón y añadirle 1 cucharada de salsa rubia (véase pág. 101), 1 cucharadita de mostaza, unas gotas de salsa worcester (véase pág. 59) y 1 cucharadita de brandy.

2) Remover bien después de añadir cada ingrediente.

3) Incorporar la manzana pelada y cortada a daditos pequeños.

4) Verter el contenido en una salsera y mantenerlo en el frigorífico hasta antes de servir.

Datos de interés

Apropiada para acompañar cualquier tipo de carne fría, hervida o asada.

Salsa rubia

Ingredientes

1 vaso de vino blanco seco, 1/2 cebolla, mostaza, salsa de tomate, jugo de limón, perejil.

1) Verter en una cacerola el vino junto con la cebolla picada finamente.

2) Hacerlo hervir hasta que quede reducido a las 2/3 partes.

3) Luego pasarlo por el colador.

4) Aparte disponer en un recipiente 1 cucharadita de mostaza, 1 de salsa de tomate, 1 de jugo de limón y 1 de perejil picado.

5) Agregar el vino y mezclarlo todo.

6) Verter la mezcla en la salsa resultante y terminar de cocerlo durante 10 minutos.

Datos de interés

Apropiada para servir con costillitas de cerdo o de ternera a la parrilla.

S

Salsa con salmón

Ingredientes

2 lonchas de salmón ahumado, 1 tarro de huevos de salmón, 80 g de mantequilla, 1 cebolla, 1 vasito de crema de leche, queso rallado, sal y pimienta.

1) Picar finamente la cebolla y cocerla con la mitad de la mantequilla.

2) Agregar el salmón cortado, la crema de leche y hacerlo cocer lentamente durante algunos minutos.

3) Sazonarlo con sal y pimienta.

4) Verter sobre la superficie de la pasta cocida los huevos de salmón, abundante queso rallado y el resto de la mantequilla.

Datos de interés

Apropiada para servir con tallarines.

Salsa salvitjada

Ingredientes

4 dientes de ajo, 12 avellanas tostadas y peladas, 6 hojas de menta frescas, sal y pimienta, 1 cucharada de pimienta de Cayena, 3 rebanadas de pan blanco, 25 cl de aceite de oliva.

1) Machacar en un mortero el ajo y la menta con un poco de sal.
2) Incorporar las avellanas y seguir machacando.
3) Cuando la pasta sea lisa, añadir la pimienta de Cayena, el pan y seguir machacando hasta obtener una pasta fina.
4) Agregar el aceite, gota a gota, hasta que la salsa esté espesa, pero no fluida.
5) Sazonar con sal y pimienta si es necesario.

Datos de interés

Apropiada para acompañar chuletas o salchichas a la parrilla.

Salsa samfaina

Ingredientes

1 cebolla, 4 cucharadas de aceite de oliva, 1 pimiento verde o rojo, 1 berenjena o calabacín, 2 o 3 tomates maduros, sal.

1) Cortar a trozos grandes la cebolla y freírla en una sartén grande con el aceite hasta que esté transparente.
2) Cortar a tiras el pimiento, previamente limpio de semillas y añadirlo a la cebolla.
3) Al cabo de 7 u 8 minutos incorporar la berenjena cortada a tiras.
4) Cocerlo todo durante 3 minutos más.
5) Agregar los tomates maduros pelados y picados.
6) Sazonar con sal y proseguir la cocción a fuego lento durante otros 5 minutos.

Datos de interés

Servir caliente con platos de carne o pescado.

Salsa de San Pedro

Ingredientes

4 filetes de anchoas, ajo, perejil, pimiento, alcaparras, aceite, vinagre, pimienta, jugo de limón.

1) En una cacerola meter los filetes de anchoas con unas gotas de aceite y cocerlo a fuego lento.
2) Cuando las anchoas estén hechas apartarlo del fuego.
3) Añadir un poco de ajo, perejil, pimiento, pimienta y unas cuantas alcaparras en vinagre y removerlo todo.
4) Agregar también abundante jugo de limón y vinagre al gusto.
5) Seguir removiendo muy bien hasta conseguir una mezcla homogénea.

Datos de interés

Apropiada para servir con pescado frito, ranas o anguilas.

Salsa de San Roque

Ingredientes

2 dientes de ajo, 1 pizca de harina, 1 vaso de caldo, 4 filetes de anchoas, aceite.

1) Sofreír el ajo en el aceite y sacarlo apenas tome color.
2) Añadir entonces la harina y hacerla dorar.
3) Verter un vaso abundante de caldo y dejarlo hervir.
4) Incorporar los filetes de anchoas limpios de espinas.

Datos de interés

Se puede añadir un pedacito de trufa negra.

Salsa semipicante

Ingredientes

2 huevos, 2 cucharaditas de vinagre, 1 puñado de perejil, 1 cucharadita de alcaparras, 1/2 cucharadita de mostaza.
1) Hacer una buena mahonesa con 2 huevos y 2 cucharaditas

de vinagre.

2) Aparte, preparar una picada fina con un puñado de perejil y 1 cucharadita de alcaparras.

3) Añadirlo a la mahonesa junto con la 1/2 cucharadita de mostaza.

Datos de interés

Apropiada para servir con huevos duros o sobre medios tomates crudos ligeramente rellenos de trocitos de atún y arroz.

Salsa sencilla

Ingredientes

6 dientes de ajo, 1 cebolla grande, 1 taza de salsa de tomate, 1 vaso de vino tinto, 3 cucharadas de salsa worcester, 2 cucharadas de azúcar, 1 ramita de romero, 1 puñado de perejil picado, aceite, sal.

1) Triturar los dientes de ajo con 2 cucharaditas de sal y la cebolla.

2) Poner en una cacerola con algunas cucharadas de aceite y rehogarlo a fuego lento.

3) Cuando el olor sea más suave agregar la salsa de tomate, el vino tinto, la salsa worcester, el azúcar disuelto en un poco de agua y las hojas de romero machacadas con el perejil.

4) Hervirlo todo y continuar la cocción a fuego lento durante 1/2 hora.

Datos de interés

Apropiada para servir con carne o pescado a la parrilla.

Salsa con sepia

Ingredientes

400 g de sepias, 500 g de tomates, 3 filetes de anchoas, 1 vaso de vino blanco seco, 6 cucharadas de aceite, 1 puñado de perejil, sal y pimienta.

1) Pelar cuidadosamente las sepias, quitándoles la bolsa y el

hueso y cortarlas a tiras bastante finas.

2) Aplastar y reducir a una pasta los filetes de anchoas.

3) En un recipiente dorar el ajo con el aceite y luego añadir las sepias.

4) Después de 5 minutos bañarlo con el vino y dejarlo evaporar lentamente.

5) Incorporar los tomates y las anchoas, haciéndolo cocer durante más de 1/2 hora a fuego lento.

6) Durante la cocción añadir agua caliente si es necesario.

7) En el momento de servir agregar el perejil.

Datos de interés

Apropiada para servir con cualquier tipo de pasta.

Salsa con setas

Ingredientes

200 g de setas, 1 limón, 30 g de mantequilla, sal, salsa blanca.

1) Pelar el sombrerillo de las setas, rascar el pie y restregarlas con medio limón.

2) Luego lavarlas y secarlas cortándolas a cuartos.

3) Ponerlas en una cacerola con mantequilla, sal y agua, hasta cubrirlas por completo, durante unos 10 minutos.

4) Aparte, preparar la salsa blanca utilizando el agua en el que se han cocinado las setas.

5) Cuando esta esté cocida incorporar las setas y abundante pimienta.

Datos de interés

Apropiada para servir con verduras hervidas, trozos de carne o pescado hervido.

VARIANTE

Ingredientes

1 vaso de caldo, 1 vaso de leche, 2 cucharadas de harina, setas, aceite, sal.

1) Deshacer la harina en el caldo.

2) Añadir la leche y remover hasta que llegue a ebullición.

3) Incorporar un abundante triturado de setas dejándolo cocer lentamente.

4) Cuando alcance la densidad deseada pasarla por el tamiz.

5) Salarla y incorporarle 2 cucharadas de aceite.

Salsa siete mares

Ingredientes

2 cebollas, 50 g de mantequilla, 1/2 vaso de vino blanco, 1 puñado de perejil picado, sal.

1) Picar finamente las cebollas.

2) Rehogarla a fuego lento con 30 g de mantequilla, removiendo con frecuencia.

3) Cuando las cebollas se hayan ablandado agregar una pizca de sal y el vino blanco.

4) Continuar con la cocción.

5) Incorporar el perejil picado y la mantequilla restante.

Salsa soubise

Ingredientes

200 g de cebollas, 30 g de mantequilla, bechamel caliente, 150 g de nata líquida.

1) Picar finamente las cebollas.

2) Rehogarlas poco a poco con la mantequilla, de modo que se reblandezcan sin dorarse.

3) Aparte preparar la salsa bechamel y cuando esté caliente incorporar la cebolla.

4) Dejarlo cocer durante unos 10 minutos más.

5) Pasar la salsa por el tamiz y volverla a llevar al fuego.

6) Verter poco a poco la nata líquida.

Datos interés

Si es necesario, se le puede añadir un poco de sal.

T

Salsa tártara

Ingredientes

3 huevos, 1 cucharada de pepinillos en vinagre, 1 cucharada de alcaparras, 1 cucharada de perejil, 1 cucharada de vinagre, pimienta, aceite, algunas hojas de perifollo.

1) Desmenuzar en un tazón las yemas de huevo duro.
2) Trabajarlas con el vinagre y el aceite como si se tratara de una mahonesa.
3) Agregar los pepinillos, la sal y la pimienta al gusto.
4) Incorporar las claras picadas ligeramente, trituradas o bien pasadas por el tamiz.

Salsa de temporada

Ingredientes

6 dientes de ajo, 50 g de mantequilla, 300 g de aceite de oliva, 16 anchoas.

1) Majar finamente en el mortero los dientes de ajo.

2) Ponerlos en una cazuela de barro con una cucharada de agua y una nuez de mantequilla.

3) Hacerlo hervir ligeramente, incorporando poco a poco el resto de la mantequilla sin que se dore.

4) Agregar entonces los filetes de anchoas desmenuzados y limpios de espinas.

5) Agregar también el aceite de oliva poco a poco.

Salsa temprana

Ingredientes

1 cebolla, 2 zanahorias, 1 tallo de apio, 6 cucharaditas de aceite, 500 g de tomates, 150 g de atún, sal y pimienta.

1) Preparar una picada con la cebolla, las zanahorias y el apio.

2) Ponerlo en a una cacerola con aceite y dorarlo ligeramente.

3) Agregar los tomates frescos pelados y picados.

4) Cuando empiece a hervir, añadir el atún desmenuzado, un poco de sal y abundante pimienta.

5) Después de 10 minutos de ebullición la salsa estará lista.

Datos de interés

Apropiada para condimentar cualquier tipo de pasta.

Salsa teriyaki

Ingredientes

1/3 taza de azúcar moreno, 1 cucharadita de jengibre molido, 1 taza de caldo de res, 1/3 taza de salsa de soja, 2 cucharadas de maicena, 1/4 taza de vino blanco.

1) Disolver el azúcar y el jengibre en el caldo y la salsa de soja y hervirlo.

2) Aparte mezclar la maicena con el vino.

3) Incorporarlo a la mezcla anterior.

4) Cocerlo todo a fuego lento hasta que espese.

Salsa de tomate

Ingredientes

4 cucharadas de aceite de oliva, 6-7 tomates pelados, 2 hojas de salvia, 1 cucharada abundante de vinagre aromático, sal.

1) Pelar los tomates, escurrirlos y aplastarlos con un tenedor.
2) Meterlos junto con las hojas de salvia y la sal en una pequeña cacerola con aceite.
3) Mantener la cocción al menos durante 10-15 minutos.
4) Fuera del fuego, quitar las hojas de salvia.
5) Agregar el vinagre removiendo antes de servir.

Salsa de tomate a la Bella Doris

Ingredientes

2 kg de tomates, 2 pimientos rojos, 2 pimientos amarillos, 1 cebolla, 1 pimientillo rojo, 6 clavos, 1 pizca de canela, mostaza amarilla, 150 g de azúcar fino, 3 dl de vinagre, pimienta blanca recién molida.

1) Limpiar los tomates, cortarlos a trozos y quitarles las semillas.
2) Limpiar los pimientos y cortarlos en sentido longitudinal eliminando las semillas y filamentos.
3) En un recipiente cocer a fuego moderado los tomates, los pimientos, la cebolla, el pimientillo y el azúcar, mezclando bien.
4) En cuanto hierva, bajar el fuego y cocerlo durante 3 horas.
5) Apartarlo del fuego y pasarlo por un tamiz metálico.
6) Llevarlo de nuevo a fuego durante 40 minutos más.
7) Agregar el vinagre, los clavos, la canela, la mostaza, la pimienta y dejarlo cocer unos 20 minutos más.
8) Apartar del fuego la salsa y dejarla enfriar.

Salsa de tomate con carne

Ingredientes

3 kg de tomates maduros, 600 g de carne magra de buey, 500 g de cebollitas, 500 g de zanahorias, 200 g de apio, 100 g de mantequilla, 50 g de perejil, albahaca y salvia, sal, aceite.

1) Preparar todas las verduras igual que para la salsa de tomate invernal.

2) Añadir la mitad de las cebollitas.

3) Dejarlo cocer todo durante 2 horas aproximadamente.

4) Luego pasarlo por el cedazo.

5) Verter en un recipiente de cocción las restantes cebollitas, cortadas a rodajas, la mantequilla, 2 cucharaditas de aceite y la carne picada.

6) Ponerlo en el fuego durante algunos minutos.

7) Incorporarlo a la mezcla anterior y agregarle la sal.

8) Dejarlo cocer durante 1 hora, removiendo con frecuencia.

9) Apartarlo del fuego y dejar enfriar la salsa.

Salsa de tomate para espaguetis

Ingredientes

Para 500 g de espaguetis: 500 g de tomates pequeños, 1 cebolla grande, ajo, albahaca, salvia, aceite de oliva, sal, pimienta o pimientillo.

1) Lavar los tomates y partirlos por la mitad.

2) Cortar en filetes finos la cebolla y a trocitos muy pequeños el ajo.

3) En una cazuela de barro verter medio vaso de aceite, luego los tomates, la cebolla, el ajo, 3 o 4 hojas de salvia con algunas de albahaca.

4) Salar y poner pimienta.

5) Tapar y dejar cocer durante 1/2 hora, removiendo con una cuchara de madera.

Salsa de tomate invernal

Ingredientes

6 kg de tomates maduros, 1 kg de cebollitas, 1 kg de zanahorias, 400 g de apio, 200 g de mantequilla, 100 g de perejil, salvia y albahaca, 25 g de sal, aceite.

1) Lavar muy bien los tomates, quitar el pedúnculo, abrirlos por la mitad y sacarles las semillas.

2) Pelar y lavar la salvia, la albahaca, el apio y el perejil.

3) Lavar y rascar las zanahorias y junto con el apio cortar a grandes trozos.

4) Meter los tomates y las verduras en un recipiente de acero inoxidable, dejándolo cocer durante 2 horas y media.

5) Mientras sacar la piel a las cebollitas y cortarlas a trocitos.

6) Cuando los tomates estén cocidos pasarlos por el tamiz virtiéndolo en una cazuela.

7) Poner en el recipiente de cocción la mantequilla, las cebollitas y rehogarlo durante unos minutos.

8) Incorporar la mezcla anterior, sazonar y llevar a ebullición durante 45 minutos.

9) Sacar la salsa del fuego y dejarla enfriar.

VARIANTE

Ingredientes

500 g de tomates pelados de lata, 6 cucharadas de aceite de oliva, ajo, 1 nuez de mantequilla, sal y pimienta.

1) Poner en una sartén el aceite, el ajo y dejar que se doren a fuego vivo.

2) Agregar los tomates sin su líquido.

3) Sazonar con sal y pimienta.

4) Llevar a ebullición, la salsa durante 5 minutos.

5) Apartarla del fuego, separar el ajo y añadir la mantequilla.

Datos de interés

Ocasiona escaso trabajo prepararla y poco gasto.

Salsa de tomate a la margarita

Ingredientes

1 cebolla, 2 zanahorias, 1 tallo de apio, algunas hojas de albahaca, 1 kg de tomates, 1 cucharadita de azúcar, 3 cucharadas de aceite de oliva o 50 g de mantequilla, sal.

1) Poner en un recipiente la cebolla cortada a tiras, las zanahorias, el apio, la albahaca y los tomates frescos y pelados.

2) Hacerlo hervir durante 3/4 de hora, hasta que las verduras estén cocidas.

3) Salarlo y pasarlo por el colador.

4) Volver a poner la salsa al fuego junto con el aceite de oliva.

5) Agregar el azúcar y esperar a que el condimento se amalgame con los demás ingredientes.

Datos de interés

Apropiada para servir con todo tipo de alimentos calientes o fríos.

Salsa de tomate picante para carnes

Ingredientes

2.500 g de tomates maduros, 500 g de pimientos rojos o amarillos dulces, 400 g de cebollas, 75 g de azúcar, 2 pimientos en vinagre, 3 o 4 clavos, un poco de canela en rama, 1/2 l de vinagre blanco, aceite, sal.

1) Lavar los tomates y los pimientos, abrirlos por la mitad y sacarles las semillas y filamentos.

2) Ponerlos en un recipiente de acero inoxidable junto con los pimientos en vinagre cortados a rodajas, las cebollas peladas y cortadas a trocitos, los clavos, la canela y la sal.

3) Mantenerlo a fuego lento durante 3 horas, removiendo de vez en cuando.

4) Pasarlo por el cedazo y agregar el vinagre y el azúcar.

5) Volver a poner al fuego durante 2 horas más, removiendo muy a menudo.

6) Apartarlo del fuego y dejar enfriar.

Salsa a los tres colores

Ingredientes

100 g de nueces, 50 g de almendras dulces, 30 g de avellanas, 1 pomelo, 2 yemas de huevo, un puñado de perejil, una pizca de tomi-

llo, una pizca de orégano, 1/2 vaso de aceite de girasol, 2 cucharadas de nata, sal.

1) Pelar las nueces, las almendras, las avellanas y picarlas finamente.
2) Picar el perejil, el tomillo y el orégano.
3) Ponerlo todo a una cazuela junto con el aceite, el zumo de pomelo y una pizca de sal.
4) Removerlo todo muy bien.
5) Aparte cocer los huevos y dejarlos enfriar dentro del agua.
6) Sacarles la cáscara, llevar las yemas a una taza y removiendo agregar un poco de aceite.
7) Incorporar a la mezcla anterior y mezclar.
8) Ponerlo en el fuego durante 10 minutos, sin dejar de remover durante este tiempo.
9) Añadir la nata removiendo de nuevo y salar.

Datos de interés

Apropiada para acompañar el conejo al romero.

Salsa de trufa

Ingredientes

1 trocito de cebolla, 1/2 diente de ajo, una pizca de perejil, 1 nuez de margarina, 2 cucharadas de harina, 1/2 vaso de vino blanco, trocitos de trufa, sal y pimienta.

1) Triturar la cebolla, el ajo y el perejil.
2) Llevarlo a un recipiente y ponerlo al fuego con una nuez de margarina.
3) Cuando haya tomado color, verter la harina previamente diluida con el vino.
4) Añadir un poco de sal y un poco de pimienta, removiendo con una cuchara de madera.
5) Cuando la harina hierva agregar trufa cortada en trocitos finísimos.
6) Dejarlo cocer unos minutos más.

Datos de interés

Apropiada para servir con *rollé* de ternera.

Salsa trufada

Ingredientes

1 trufa, mantequilla, queso.

1) Cortar una gran trufa negra o blanca a rodajas finísimas.
2) Sofreírla con un poco de mantequilla junto con una generosa lluvia de queso.

Datos de interés

Apropiada para servir con carne asada, arroz, pasta, etc.

U

Salsa con uva

Ingredientes

250 g de granos de uva bien madura, 1/5 l de crema de leche, 1/5 de vino blanco seco, aceite de oliva, abundante queso rallado, 1 pastilla de caldo.

1) Verter en un recipiente bastante aceite de oliva junto con el vino blanco.
2) Agregar la pastilla de caldo y dejarlo hervir durante unos 5 minutos.
3) Añadir los granos de uva lavada, seca y cortada.
4) Dejarlo cocer a fuego lento durante otros 10 minutos.
5) Verter en la mezcla la crema de leche.

Datos de interés

Apropiada para servir con espaguetis mezclados con queso rallado.

V

Salsa valentinoise

Ingredientes

6 escalonias, 4 cucharadas de perejil picado, 1 tomate maduro, 60 g de mantequilla enfriada, 1 limón, 1 cucharada de gelatina de jugo de asado.

1) Calentar una fuente de servicio y extender en ella las escalonias y el perejil finamente picados.
2) Añadir el tomate maduro pelado, sin semillas y finamente picado.
3) Repartir con una cuchara el jugo de asado sobre los ingredientes de la fuente.
4) Extender por encima también la mantequilla cortada a trocitos y el zumo del limón.
5) Sazonar con pimienta negra molida al momento.
6) Mezclar con un tenedor todos los ingredientes hasta conseguir una pasta homogénea.

Datos de interés

Se sirve como acompañamiento de toda clase de carnes blancas o rojas, asadas sobre brasas ardientes.

Salsa verde a la veneta

Ingredientes

1 kg de espinacas, 100 g de vinagre, 50 g de mantequilla, 1 cebolla, 2 cucharaditas de perifollo, 2 cucharaditas de estragón.

1) Limpiar las espinacas y hervirlas con el agua que retengan.
2) Dejarlas enfriar, desmenuzarlas y reservarlas.
3) Filtrar el agua obtenida, verterla en un recipiente y reducirla a fuego lento.
4) Dejar que se enfríe y empastar la mantequilla con ese líquido.
5) Verter el vinagre en otro recipiente con la cebolla, el perifollo y el estragón.
6) Ponerlo al fuego dejando que la mezcla quede reducida a 2/3 partes.
7) Agregar la mantequilla y pasarlo todo por el colador.
8) En el último momento agregar otra cucharadita de perifollo y otra de estragón triturado.

Datos de interés

Servir caliente.

Salsa verde con nueces

Ingredientes

1 puñado de perejil, 4 anchoas, 1 patata hervida, 4 nueces, 1 cucharada de piñones, 1 cebollita, 2 dientes de ajo, 4 hojas de albahaca, 1 vasito de aceite de girasol, 6 avellanas, 4 alcachofas en aceite, sal y pimienta.

1) Preparar una picada de perejil y albahaca.
2) Añadir la cebolla, las alcachofas y las anchoas limpias de espinas y desaladas.

3) Triturar las nueces con los piñones, las avellanas y el ajo.
4) Colocarlo todo en un recipiente con aceite, pimienta y sal.
5) Pasar por el pasapurés la patata y incorporarlo a la mezcla anterior removiendo muy bien.

Datos de interés

Apropiada para servir con ternera o pollo hervido.

Salsa verde con vinagre aromatizado

Ingredientes

Perejil, pan rallado, aceite, sal, vinagre aromatizado.

1) Picar finamente el perejil fresco bien lavado junto con un poco de pan rallado.
2) Agregar el aceite, la sal, el vinagre y remover bien.

Salsa verde cremosa

Ingredientes

6 pepinillos en vinagre, 1 huevo, 1 cucharadita de alcaparras, 5 hojas de apio verde, vinagre blanco, aceite de oliva, sal y pimienta.

1) Hervir el huevo durante 10 minutos y enfriarlo bajo el agua corriente.
2) Sacarle la cáscara, desmenuzarlo y llevarlo a la batidora.
3) Agregar los pepinillos cortados, las alcaparras desmenuzadas, las hojas de apio troceadas, el vinagre, el aceite, la sal y la pimienta.
4) Mezclarlo todo hasta obtener una masa cremosa.
5) Verterlo en una salsera y meter en el frigorífico hasta el momento de servir.

Datos de interés

Apropiada para acompañar todo tipo de carne fría, como hervidos o asados cortados a rodajas muy finas.

Salsa verde húngara

Ingredientes

1 dl de yogur, 1 dl de mahonesa, 100 g de espinacas hervidas trituradas, 1 cucharada de perifollo seco, 1 cucharadita de especias varias, 1/2 cucharadita de estragón seco, 1/2 cucharadita de aceite.

1) Mezclar lentamente todos los ingredientes en el orden antes indicado.
2) Meterlo en una salsera y dejarlo reposar durante algunas horas.

Salsa verde para pavo

Ingredientes

30 g de filetes de anchoas con aceite, 20 g de alcaparras saladas, 20 g de hojas de perejil, 30 g de cebolla, 1 yema de huevo, albahaca, ajo, salsa inglesa, 6 cucharadas de aceite de oliva, 2 cucharadas de vinagre.

1) Cortar finamente los filetes de anchoas, las hojas de perejil las alcaparras previamente mantenidas en agua y escurridas, la cebolla, el ajo y 3 o 4 hojas de albahaca, hasta obtener una mezcla homogénea.
2) Ponerlo en una cacerola con la yema de huevo duro desmenuzada.
3) Añadir el aceite de oliva, el vinagre y una buena rociada de salsa inglesa (véase pág. 59).
4) Removerlo todo lentamente durante largo rato.
5) Verterlo en una salsera y dejar reposar durante algunas horas.

Datos de interés

Apropiada para acompañar la carne de pavo hervido.

Salsa verde picante

Ingredientes

2 anchoas, 2 cucharadas de alcaparras, cebolla, ajo, 1 puñado de perejil picado, albahaca, aceite de oliva, jugo de limón, pimienta.

1) Desalar las anchoas y limpiarlas de espinas.

2) Triturarlas junto con las alcaparras, un poco de cebolla y poquísimo ajo.

3) Poner la mezcla en una salsera incorporando una buena cantidad de perejil triturado finamente y algunas hojas de albahaca trituradas también.

4) Condimentar con mucha pimienta y removerlo todo agregando aceite de oliva y jugo de limón.

Datos de interés

Las alcaparras se pueden sustituir por pimientos verdes.

Salsa verde rápida

Ingredientes

Migas de pan, 1 cucharada de pasta de anchoas, 1 cucharada de alcaparras en vinagre, 1 puñado de perejil, 1 cucharada de aceite, vinagre, 1 huevo duro, 1 diente de ajo, pimienta en grano, un poco de sal.

1) Bañar las migas de pan en agua y vinagre a partes iguales.

2) Añadir el triturado de ajo, perejil, alcaparras y huevo duro.

3) Poner la pasta de las anchoas, la pimienta, poca sal y removerlo todo con aceite.

4) Servir después de media hora.

VARIANTE

Ingredientes

1/2 cebolla, 1 puñado de perejil, 6 pepinillos, 1 puñado de perifollo, 1 diente de ajo, 1 cucharada de alcaparras, 4 filetes de anchoas, migas de pan, 6 cucharadas de aceite, 2 cucharadas de vinagre, sal y pimienta.

1) Picar la cebolla, el perejil, los pepinillos, el perifollo, el ajo, las alcaparras y los filetes de anchoas.

2) Removerlo todo con la miga de pan bañada en agua, escurrida y deshecha.

3) Agregar a la mezcla el aceite y el vinagre.
4) Condimentar con sal y pimienta.

Datos de interés

Apropiada para servir con alimentos hervidos, como pescado o huevos duros.

Salsa verde simple

Ingredientes

2 dientes de ajo, perejil, aceite, sal y pimienta.

1) Triturar el ajo con un poco de perejil.
2) Añadir sal y pimienta al gusto.
3) Remover con aceite de oliva hasta obtener la consistencia deseada.

Variante

1) Añadir al ajo triturado estragón en lugar de perejil.

Salsa al vinagre o al limón

Ingredientes

Los mismos ingredientes que para la salsa de ajo (véase pág. 15), más la sal y la pimienta.

1) Poner en un tazón la sal y la pimienta.
2) Agregar el vinagre y mezclarlo con una cuchara de madera.
3) Incorporar el aceite y remover rápidamente hasta obtener una salsa densa.

Datos de interés

Apropiada para condimentar cualquier tipo de ensalada.

Salsa vinagreta

Ingredientes

1 cebolla mediana, 2 dientes de ajo, nuez moscada, perejil fresco, 5 huevos cocidos, 1 tazón de desayuno lleno de vinagre de estragón, un poco de pimienta blanca en polvo.

1) Pelar y picar la cebolla y los ajos muy menudamente, junto con un poco de perejil.
2) Colocarlo todo en una salsera agregando el vinagre y removiéndolo durante 5 minutos.
3) Añadir un poco de pimienta, nuez moscada y sal.
4) Cuando esté bien revuelto, añadir las yemas de huevo aplastadas con un tenedor y luego incorporarlo a la salsa.
5) Picar finísimamente las claras de los huevos y añadirlo también.

Datos de interés

Servir fría con pescados hechos a la brasa.

Salsa al vino

Ingredientes

1 cebolla pequeña, 1 cucharada de setas, 6 pepinillos en vinagre, 1 cucharadita de alcaparras, 1 ramita de perejil, 1 vaso de vino blanco seco, 4 cucharadas de vinagre, harina, sal y pimienta.

1) Sofreír con aceite la cebolla picada finamente.
2) Cuando haya tomado color, verter el vino junto con el vinagre.
3) Dejar que se condense hasta que quede reducida a la mitad.
4) Aparte, diluir la harina con el caldo y agregar las setas, los pepinillos, las alcaparras y el perejil picado.
5) Remover bien, salarlo y echar pimienta.
6) Cocer lentamente durante 10 minutos.

Z

Salsa de zanahorias

Ingredientes

600 g de zanahorias, 100 g de mantequilla, 1 cucharada de azúcar, sal, unos 30 cl de crema de leche espesa.

1) Raspar y pulir las zanahorias, quitándoles el corazón fibroso y cortarlas a trocitos.

2) Ponerlas en un cazo junto con 40 g de mantequilla, azúcar al gusto y un poco de sal.

3) Verter agua hasta cubrirlas a media altura.

4) Llevar a ebullición, tapar parcialmente y proseguir la cocción a fuego lento de 40 a 50 minutos, hasta que estén tiernas.

5) Destapar el cazo y reducir el líquido de cocción a fuego vivo de 5 a 10 minutos, hasta obtener un glaseado espeso.

6) Reducir las zanahorias con su glaseado a puré con una batidora.

7) Verter el puré en el cazo y recalentarlo a fuego vivo removiendo sin cesar.

8) Incorporar entonces batiendo la suficiente crema de leche para que la salsa pueda verterse.

9) Fuera del fuego agregar, poco a poco, sin dejar de batir, la mantequilla restante cortada a dados pequeños.

www.ingramcontent.com/pod-product-compliance
Lightning Source LLC
LaVergne TN
LVHW051350080426
835509LV00020BA/3375